日本電産 永守重信 社長からのファクス42枚

経営コンサルタント
川勝宣昭
kawakatsu noriaki

プレジデント社

まえがき

　私がこの本で伝えたいことは、ビジネスの世界でリーダーはどうあるべきかということです。

　経営者というトップリーダーに、あるいは、部下を持ち組織を引っ張るポジションにある中堅リーダーの人々に、知っておいてほしいこと。仕事をやり甲斐あるものにし、職場に活気を巻き起こし、企業に成長をもたらすための具体策です。

　それを、私は、現代における特筆すべきカリスマ経営者の1人である永守重信氏（日本電産会長兼社長CEO）の「語録」という形で、最前線に立たれている経営者や、日々マネジメントの深化を希求しておられる経営管理者の皆さんに、お伝えしていこうと思います。

　なぜなら、その永守社長から直接薫陶を受け、グループ企業のいくつかで永守社長に代わる"代官役"を務めた1人が私だからです。

　この本に記した「永守語録」のほとんどは、私が日本電産から日本電産グループ会社に派遣され、企業再建という、私にとって人生初めての現場に立った7年の間に、永守社長から毎日のように送られてきた数百通にのぼるファクスの中から選んだものです。

それらの言葉は経営指導のための、時に叱責、時に激励の内容ですが、いずれも私の脳裏に沈積し、心に深く刻まれて、今後の私の人生に滋味溢れる実践の言葉として、生き続けることでしょう。今回、私は私の引き出しを開けてそれをお届けしようと思います。

　私自身のことは後述するとして、まず日本電産について改めて触れておきましょう。

　日本電産は、「失われた20年」と呼ばれる低迷期の日本にあって、稀有な急成長を遂げてきた企業です。いまや売上高1兆円を突破（2015年3月期）。パソコンのハードディスクに内蔵される精密小型モーターの分野で、80％超のシェアを誇る「世界一」企業です。

　同社発展の因は、まず第一に創業者でもある永守重信社長の、きわめて強烈なリーダーシップにあります。永守流と呼ぶべき、独特にして深みのある個性的経営者ぶりに、です。

　その個性から生み出された経営手法の具体的な1つが「M&A」。同社の経営手法の鍵とも言えるものです。

　赤字のモーター会社を次々と買収して、短期間で再建を果たし、黒字企業に転換してグループ全体の売上高、業界シェアを拡大していく。

　M&Aの対象となる会社は、仮に大企業の関連会社であっても、メインバンクも匙を投げ不採算部門として売りに出

されるような赤字企業ですから、社内は慢性未達病にどっぷりと浸かって活気がなく、負け戦慣れして、社員も下を向いて仕事をしている状態です。

そこに、永守社長から指令された再建のための厳しい経営方針を背負って、私のような再建担当の役員が、たった1人で乗り込む。日本電産本社から派遣された"代官役"としてです。

そして、社員の意識を改革し、職場の空気を一変させ、仕事の進め方を変革し、業績の上がる企業に短期間で変貌させるのです。

私が日本電産に入社したのは、1998年秋。

新卒で就職した日産自動車を55歳の部長定年で辞めた直後です。

世間から業界ナンバー2の座に甘んじ続ける"緩い企業"と評されることも少なくなかった日産の中で、時には企業風土刷新運動にも取り組んだ体験を持つ私にとって、永守流の経営手法との出遇いは、衝撃でした。スピードと徹底を究めると、企業というものはこんなにまで変わるのか。私にとってはまさに"未知との遭遇"でした。

日産自動車と日本電産——2つの職場の落差を味わった私だからこそ痛感した、リーダーシップにまつわる数々の大切なポイント。

それらを、私が直接耳で聞き、肉筆の文字で目にした永守語録を通じて伝達したいという思いが、経営コンサルタントとして独立したいま、ますます強くなっています。
　そのことが本書執筆の出発点となったことを、ここに記しておきます。
　なお、本書では、私が勤めていた当時の日本電産のありのままの姿をお伝えしています。ただ、あくまでもその当時の姿ですから、現在の日本電産の姿とは多少異なります。
　永守社長は、2016年10月の決算説明会において、2020年までに社員の残業をゼロにする構想を発表されました。
　これは、「これからの社会に求められる働き方にいち早く対応していく」という宣言であり、日本電産が日々進化し続けていることがお分かりいただけると思います。
　これらの点をご理解のうえ、読み進めていただけますと幸いです。

2016年10月
川勝宣昭

目次

まえがき ... 2

第1章 会社を変えよ！ それがスタートだ ... 9
1. 1番以外は、皆ビリや ... 10
2. 1番にならなければ本当の経営はできない ... 14
3. 1番になれば取引先の態度も変わる ... 18
4. 能力差5倍、意識差100倍 ... 21
5. 意識改革を徹底せよ。それが企業カルチャーになるまで ... 26
6. 自慢話が飛び交う会議にせよ ... 35
7. 当たり前のことを当たり前にやれる会社にせよ ... 40

第2章 "スピード"こそ最大の武器 ... 45
8. 時間は万人に平等に与えられている条件。これをどう使うかで、勝負が決まる ... 46
9. QCDは当たり前、QCDSSSでダントツにせよ ... 51
10. 「すぐやる、必ずやる、出来るまでやる」 ... 54
11. 黒字化・再建は、1年以内に達成せよ ... 67
12. 私と「経営感性」を同期化せよ ... 71
13. 見積もりは24時間以内に出させよ ... 74

第3章 徹底する会社は、気持ちがよいものだ ... 77
14. 結果報告は○△×だけでいい ... 78
15. 仕事、同じやるなら本腰入れてやってごらん ... 82

- 16 脇は甘くないか。
  経営は結果だということを忘れるな ……… 85
- 17 経営者たる者、コストの原単位を頭に叩き込め ……… 89
- 18 明日から伝票を見よ ……… 93

第4章 困難から逃げるな、逃げると解決策も逃げていく ……… 99

- 19 困難は解決策を連れてやってくる ……… 100
- 20 8月を黒字にせよ ……… 103
- 21 君を経営者として採用したのは、
  逃げないと思ったからだ ……… 108
- 22 2割の社員の支持があれば、改革は成功する ……… 114

第5章 営業を機関車にせよ ……… 119

- 23 訪問件数を月100件にせよ ……… 120
- 24 営業が動いている間は、工場・開発は帰るな ……… 125
- 25 市場価格は神の声 ……… 128
- 26 トップ企業をお客様にせよ ……… 132
- 27 営業が機関車になって引っ張り、工場・開発は
  営業を支援する。そういう会社づくりをやれ ……… 137

第6章 ダントツのコストダウン ……… 141

- 28 経費削減最終目標：
  売上高1億円あたり500万円以下 ……… 142
- 29 購買コストは5段階ネゴ交渉方式で下げよ ……… 147

30 間接部門は多能工化して、コストの壁を破れ……154

31 損益は1週間ごと管理で未達を根絶せよ……158

32 築城3年、落城3日。品質不良が会社を食い潰す……163

第7章 リーダーで会社は9割が決まる……169

33 君は経営者か、経営管理者か……170

34 君に求心力が働いているか……173

35 経営者とその社員の士気の高さこそが、企業にとって最大の財産。不安なときこそ、それを思い出したほうがいい……178

36 リーダーの要諦は、人がどうなびくかだ……182

37 「マンネリ・油断・驕り・妥協・怠慢・諦め」が会社をおかしくする……186

38 温情と冷酷のバランス経営をやれ……191

39 叱る、褒めるのバランス・マネジメントが大事だ……197

40 会社を変えたかったら、自分に1番近いところから変えよ……201

41 1週間練習しないと聴衆に分かり、3日練習しないと同僚に分かり、1日練習しないと自分に分かる……205

42 花の咲かない冬の日は、下へ下へと根を伸ばせ……208

第1章

会社を変えよ!
それがスタートだ

永守重信
社長からの
ファクス

1番以外は、皆ビリや

1枚目

この言葉は、「55歳を過ぎて、第二の人生は、いままで積み上げてきた、なけなしの知識・経験を切り売りして生きていこうか」と考えていた私の脳裏を、ハンマーのようにぶっ叩きました。
「これだ！　自分が求めるべきは！　いままで人生で何かトップを目指したことがあるのか！」
　こうして私の日本電産での第二の人生は始まりました。

　日本電産は精密小型モーターの会社としてスタートしていますが、基本的にはM&A戦略でモーター関連の会社を買ってスピード再建することで、発展を遂げてきました。
　会社再建にあたり、日本電産は買収した会社の役員から従業員に至るまで全員を引き継ぐことを1つの特徴としています。そのため、永守流の経営を根づかせるうえで重要な役目を果たすのが、本社から派遣される代官役でした。
　当時から私のように他社でキャリアを積んだ人間が積極的に採用されていましたが、それはひとえに買収した会社の経営を実質的に任せられるだけの人材を確保しようとしたためだったのです。
　初めて私が代官役として派遣されたのは、入社から8カ月後のことでした。
　その派遣先は、現在は社名が日本電産テクノモータという名前になっていますが、東芝傘下の芝浦製作所から家電

用モーター部門を独立させた会社、日本電産芝浦でした。

ハイテク部門に資源を集中するために、ローテク部門を切り離したい東芝との交渉がまとまった段階で、交渉担当役だった私が呼び出され、「明日からすぐに行け」と命じられました。表向きの役職こそ専務でしたが、実質的な社長として再建を任されたのです。

もっとも、買収交渉にあたったとはいえ、そこで働く人たちや製品、技術についてまったく知らない人間を突然派遣するというのは、考えてみれば乱暴な話で、日産自動車時代には到底考えられないことでした。

通常の再建は部下を何人か伴ったうえで行われるものですが、日本電産の再建は部下をまったく伴わない単身の落下傘降下です。しかも永守社長から与えられたテーマは、「1年以内の黒字化」でした。そして時間をおかずして業界1番を達成することだったのです。

当時の芝浦は約1000名の社員を抱え、140億円の売上に対して年間約40億円の赤字という深刻な状況に陥っていました。本社から派遣された、たった1人の人間が、果たしてわずか1年で黒字化し、それからマックス2〜3年以内にトップ企業に立つことができるだろうか……。私は頭を抱え込んでしまいました。

1998年の秋から、1年間365日、私の人生初めての再建という仕事の悪戦苦闘が始まりました。その模様は、これ

から本書でページを追うごとに明らかになりますが、それと同時に、会社というのは何をすればいいのか、という根本問題も明らかになっていきます。

　日本電産の再建は、単に赤字を消すということではありません。再建にかこつけて、その企業が属する業界のトップの位置も手中にせよ、ということなのです。

「1番以外は、皆ビリや」とは、日本電産のグループ会社を再建する者にとっての永守社長からの強烈なメッセージです。

**永守重信
社長からの
ファクス**

1番にならなければ
本当の経営はできない

2枚目

「1番以外は、皆ビリや」という永守社長。
　その言葉の意味を、私は自分なりに考えてみました。

　再建1年目に、業界のブービーから2番手に上がることができました。「7位から2位に上がり、褒めてもらえると思って報告したら、褒められるどころか『馬鹿もんッ』と怒鳴られた」と、自社の役員や社員たちにも、永守社長の言葉を伝えて、その真意を理解してもらうべき立場にいたからです。

　なぜ、われわれは1番を目指さなければならないのか。永守社長が全身から発散していた厳しさを、伝えなければならなかったのです。

　熟慮した結果、私は経営をマラソンにたとえてみることにしました。

　マラソンのレースで、自分は2位で走っているとします。前にはトップの選手が走っている。2番手の自分は、その背中を見ながら、作戦を立てればいい。背中が語ってくれるのです。「1位のランナーのペースが少し落ちたな。よし、こちらも少し休もう」とか、「あと1キロは後をついていって、その先でラストスパートをかけよう」……などと、1位走者の走りっぷり、背中が語るものを参考にしつつ、そこにプラスアルファを加えていればいいのが2番手です。

しかし、自分がトップに躍り出たらどうか。

　もう目の前に手本はありません。この先の坂道を、どう走り抜くか。どこでスパートをかけるか。全部、自分で考え、自分で行動を組み立て決断していかなければなりません。考えるべきことの幅の広さ、深さ、質の濃度が、2番手とはまったく異なるでしょう。

　その立場に実際に立つことは、2番手のときには想像もできなかったほどの強い風を全身に受けることであり、それだけにまた、頭の中で考えていただけではけっして分からない大切なものを得ることでもあるのです。

　要するに、永守社長は、「1番以外は、皆ビリや」という言葉で、「2番なんかで満足しない」という自身の強い意欲と厳しい姿勢を示すとともに、「1番でなければ本当の経営はできない」ということを、私たちに教えたかったのだと解釈しました。

　1番を目指すことの意味。それを考え、理解しておくことは、全社を率いるトップ経営者であれ、1つの部門や数人の部下を引っ張る中堅リーダーであれ、どういうレベルにおけるリーダーであっても大切なテーマだと言えるでしょう。

　トヨタ自動車の後塵を拝して"永遠の2位企業"だった日産自動車に長年席を置いていた私にとっては、深く心に突き刺さる言葉となりました。

　新聞が必ず「トヨタ・日産・ホンダ」と表記していたも

のが、いつしか「トヨタ・ホンダ・日産」と書く時代になってしまいました。
　1位を目指さず2位の座に甘んじていると、トップに取って代わるどころか、いつしか3位にも転落しかねない。それが経営というものです。

永守重信
社長からの
ファクス

1番になれば
取引先の態度も変わる

3枚目

1位企業と下位企業とでは取引先の対応がまったく違う。そのことを私は実体験しています。こちらが１位企業になれば、取引相手の態度が大きく変わり、こちらとの力関係も逆転するのです。

　モーターを製造するためには、いくつかの部品が必要で、それは各部品メーカーから購入して調達します。たとえばベアリング。精密なモーターを製造するためには、非常に精度の高いベアリングが必要です。

　モーターを回すにはシャフトが要りますが、そのシャフトを支えるのが軸受けで、その軸受けには高性能なベアリングが不可欠なのです。求められる精度の高さはミサイル用に次ぐほどのレベルでした。

　私が日本電産芝浦の再建にあたっていた当時、高性能なベアリングを製造する能力を持っている企業は非常に少なく、わが社はミネベアからそれを買っていました。別のもう１社は高性能の製品を量産するにはやや力不足でしたから、ミネベアだけが頼りです。

　そのミネベアでの経験。芝浦がまだ５〜６番手だったときは、私が商談のために先方に出向いても、会ってくれるまでに長い時間、待たされたものです。客のほうが購入相手先に出向く。まさに主客転倒です。話の内容も、「うちに部品を回してほしい」「値段を少し下げてもらえませんか」というお願いごとです。

ところが、1位企業となってからは、立場が完全に逆転しました。
　相手がわが社を訪ねてくるようになり、「今度こういうベアリングを開発したので、御社でちょっと試しに使ってもらえませんか」と、先方から売り込んでくるようになったのです。
　精密なモーターには半導体も必要です。その半導体に関しても同様です。
　特にパワー半導体というものは当時、日立製作所しかつくっていなかったので、わが社としては「日立さんに逃げられたら一大事」という状況でした。ですから、それこそ揉み手すり手でお願いし、それを供給してもらっていたのです。
　しかし、1位企業となったら、今度はこちらが日立にとってのお得意様の立場です。
　1位企業と下位企業とではこんなに違うものかと、私はつくづく実感したものです。
「やはり1番でなければ」と、永守社長の言葉を改めて噛みしめました。

**永守重信
社長からの
ファクス**

能力差5倍、
意識差100倍

4枚目

私の解説よりも臨場感があるので、月刊誌「致知」1999年7月号に載ったインタビュー録をご紹介しましょう。永守社長の生の語り口です。

「東京に出張したときのことです。取引先の担当者に、繁盛しているというラーメン屋に連れていってもらったことがあります。

　外観はごく普通のラーメン屋でしたが、私たちが店の前に立った途端、中にいた若い店員がぱーっと入り口まで走ってきてドアを開け、『いらっしゃいませ』と大きな声で挨拶をするんです。そして席まで誘導してくれて、私たちがラーメンを注文すると、大きな声で調理場にオーダーを伝えてから、人なつっこい顔で『お客さんは関西から来られたのですか』なんて話しかけてくる。私たちと話している間も入り口に気を配って、客が店の前に立つと飛んでいく。

　ラーメンはごく普通で、味で繁盛しているというわけではないんですね。つまり、他店と同程度の料金で5倍おいしいラーメンを作ったり、5分の1のスピードでラーメンを出すことはまず不可能です。

　しかし店員の意識を変えることによって、お客の気分を百倍よくすることはそれほど難しいことではない。

　この店が繁盛しているのは、ズバリ店員の意識の高さな

んです。おそらくこのラーメン屋の経営者は、ラーメンの味にこだわる以上に店員の意識改革にこだわっているのだと思います。

私の人材に対する考え方もこれとまったく同じです。能力の高い人を採用するというよりも、人並みの能力を持つ人材を採用して、彼らの意識を高めることに全力を傾注します」

私にもこれと似た経験談があるので、永守社長の話にかこつけてご紹介しましょう。日本電産芝浦の再建が終了して、「日本電産ネミコン（現ネミコン）」という2社目の再建を命じられたときのことです。

その会社の工場は福島県の白河市にあったので、私は白河駅の近くにアパートを借りて、毎日20分の距離を車で通っていました。

途中に何軒かガソリンスタンドがありますが、1軒だけ、なぜかいつも長蛇の列のスタンドがありました。普段はやり過ごしていましたが、どうしてもその人気の秘密を知りたくて、あるとき列に並んでそのスタンドに入りました。

するとどうでしょう。店員さん全員のテキパキ、きびきびした対応の良さ。ガソリンを入れている間も手を休めず、ウィンドウ拭き。見ると1度使った雑巾は使わず、新しい雑巾で別のウィンドウを拭いていました。

「ボンネットを開けてください」と言うので、エンジンオイルの押し売りかと思ったらそうではありませんでした。一連の点検をさっとやってくれて、「お客さん、いまのところOKです」と一言。

そして、「この先5キロのところで道路工事ですから、少し渋滞ですよ」のワンポイントアドバイス。私は思わずそれに気を良くして、緊急でもないオイルの交換を頼んでしまいました。

その間に事務所に入ったら、そこに社訓めいた額が掲げられているのが目に入りました。額の中の言葉は、
『ダメな店の3条件──1. 動かない　2. 考えない　3. 自分を不満に思わない』

ガソリンスタンドは、扱う商品もビジネスモデルも差別化が難しく、多数乱戦業界の典型例です。

それでは何で戦うのか？

きっとこのスタンド・チェーンの経営者は、従業員の顧客対応力を、競合店を上回るレベルにまで上げることこそ、最適な解決課題だと考えたのです。それにはこの言葉を反面教師として、「意識改革しかない」との信念で経営をやっておられるのだろうと思った次第です。

「人の能力差は、あると言ってもせいぜい5倍。しかし意識の差は100倍もある。能力は磨いて上げるのは難しいが、

意識は磨けば磨くほど上げられる。だから、企業を強くしたかったら、社員の意識を磨け」
　これは、いつも企業再建にあたって永守社長から代官役に発せられる言葉です。もちろん、社員の意識を磨く前に、代官役たる経営者の意識を磨いておかねばならないことは言うまでもありませんが。

**永守重信
社長からの
ファクス**

意識改革を徹底せよ。
それが企業カルチャー
になるまで

5枚目

日本電産は1973年の創業以来、50社以上のM&Aを行ってきました。そのうちの多くは永守社長の表現を借りれば、「集中治療室にいて、外には霊柩車が待っている」重症の赤字会社でした。それをいままで1社の例外もなく、1年以内にピカピカの黒字会社に変身させてきているのです。

考えてみれば、これは途方もなくすごいことだと思います。私も2社ほど再建を担当させてもらいましたが、赤字会社はたとえてみれば、坂を登るべき荷車にマイナスのイナーシャが掛かって、ズルズルと下降しているようなものです。それを引き上げるためには、よほど強いプラスの力を会社組織の隅々にまでみなぎらせないと、荷車はいままでのイナーシャに逆らって坂を登ってはいきません。

赤字会社を黒字化するのは、黒字会社を改善するよりもはるかに難しいものだということは、私の実体験から得た教訓です。

さて、その赤字会社の再建です。通常、赤字会社の再建で銀行が再建を行う場合は、資産の切り売りから始まるのが通例でしょう。場合によっては、リストラと称するクビ切りを行って、赤字幅を縮小させるでしょう。

資産切り売り・人員リストラ型の再建は、1度やったら終わりです。効果が出ないからといって何度もできるもので

はありません。このパターンの再建が行き詰まるのはそのためです。

　しかし、日本電産の再建は、人員リストラも資産の切り売りも一切行いません。被買収会社の役員陣もそのまま引き継ぎます。

　資産切り売り・人員リストラに代わって行うのは、「意識改革」です。

　どの赤字会社も、判で押したように同じ特徴を持っています。社員は下を向いて仕事をしている、慢性未達病に侵され、負け犬根性・負け戦慣れしている。前向きの提案は、いつも「そんなのできるわけない」の「No！」の文化に葬り去られているのです。

　このような会社で大規模リストラを行うのは、体質改善ではなく体質破壊であり、農業でいえば、会社という農地に除草剤を撒くようなものです。土壌を完全にダメにするものと言ってよいでしょう。

　そうではなく、「意識改革」によって、いままで下を向いて仕事をし、荷車が下にずり落ちていたのを、社員が上を向いて仕事をするように仕向け、荷車のイナーシャ＝慣性モーメントを上向きに変えるのです。

　もちろん、そんなに簡単なものではありません。いままで下を向いていた社員・役員に「上を向いて歩こう」と言って、すぐに変わるほど、人と組織は単純なものではないか

らです。これには、用意周到な日本電産流の仕掛けと再建リーダーの血の滲むような努力があってこそ可能となるのですが、その点については後段で時間を割いてお話ししましょう。

　「意識改革」を経営者自らが先頭に立って、時には泥をかぶりながら行っていくと、1年を待たずして、組織に"化学変化"が起こります。

　いままで顧客志向ではなく圧倒的に社内志向で、社内も部門間の揚げ足取りに多くの時間を割いていた会社が、「すぐやる、必ずやる、出来るまでやる」の日本電産流カルチャーに同化し、顧客志向、スピード志向の会社にグラデーションの色変わりのように染まっていくのです。

　かつては「No！」の文化のもとで「悪貨が良貨を駆逐した」企業カルチャーが、「良貨は悪貨を駆逐する」カルチャーに変わるわけです。

　ではどうやって従業員の「意識改革」を行うのか？
　何に手をつければ「意識改革」が起こるのか？
　このことは、この本の中でたびたび出てくる日本電産の「意識改革」手法を理解していただくうえでも重要ですので、多少理屈っぽい話になりますが、ここで少し時間を割いて触れてみたいと思います。

1. 「意識改革」が対象とする3要素

組織（会社）というのは、個人の集合体です。「意識改革」は、組織の最小単位の個人が変わらなければ、組織も変わりません。

では「意識改革」は個人のどこを変えるか。図1をご覧ください。図の中の3つの要素、価値観・思考様式（考え方）・行動様式（行動の仕方）を変えるのが「意識改革」の狙いです。

この3つの中で最も重要なのが、価値観です。

22ページで触れた、永守社長が入った東京のラーメン屋の店員さんを思い出してください。

図1／「意識改革」が狙いとする3要素

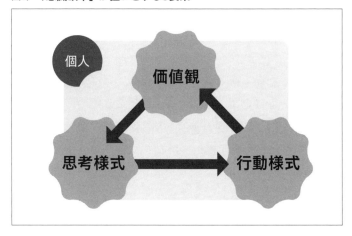

あの店員さんの「お客様を大切にしよう」という、心（脳）の中にある価値観が素晴らしいものだったからこそ、そういう考え方（思考様式）が生まれ、その考え方に導き出された行動（行動様式）が生まれたわけです。
　そしてもし、他の店員さんも同じような価値観になれば、店全体として顧客志向の非常に優れた組織（会社）になるわけです。

2. 経営者（リーダー）による価値観の擦り込み

　では店員さんの価値観は誰がつくるのでしょうか？
　店員さんがもともとそういう価値観を持っていたことも考えられるでしょう。1人だけならそういうことも考えられますが、組織は大勢の社員で成り立っています。正反対の価値観の社員もいれば、たとえ良い価値観を持っていたとしても、その程度は千差万別。
　これを高いレベルの価値観を持つ集団にするためには、経営者の社員集団に対する啓発活動が必要です。これを経営者による望ましい価値観の「擦り込み」と言います。
　永守社長が休日を全部あててグループ会社の社員研修を行うのも、京セラ創業者の稲盛和夫氏がJAL再建にあたり、経営幹部50人を集めて1カ月間の合宿をしたことも、経営者による集団への価値観の「擦り込み」にあたります。

図2／経営者による価値観の擦り込み

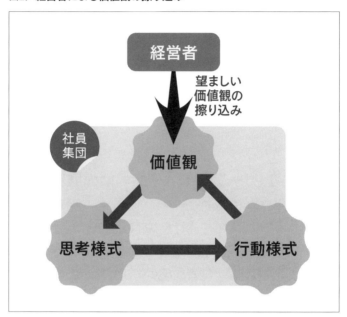

　ここで少し脱線しますが、永守社長、稲盛氏も、京都を代表する二大経営者が共通して、「意識改革」を原点に置いて経営を進めています。このことは経営とは何かを考えるうえで、非常に示唆に富んだ事柄ではないかと思われます。

3. 優れた会社にするための3要素

　それでは、意識改革が進んで日本電産から派遣された"代官"（再建指揮官）のもとで、スピードと徹底の価値観を持

つ社員集団が生まれたとしましょう。しかし、それだけで再建が終了するわけではありません。

　赤字を黒字にする必要がありますから、赤字会社が持っていたものとは異なる、それよりもずっと優れた経営手法を注入する必要があります。

　この面では、日本電産は営業強化とコストダウンの両面で、非常に優れた手法を持っていますから、代官役としては、その手法を再建先の状況に合わせて、微調整して注入すればよいことになります。ちょうど、医者が患者の症状に合わせて薬の処方を調整するのに似ています。

　最後は非常に重要な要素、再建指揮官そのもののリーダーシップです。意識改革OK、経営手法OKとしても、リーダーのリーダーシップが優れていなければ、集団を引っ

図3／優れた会社をつくるための3要素

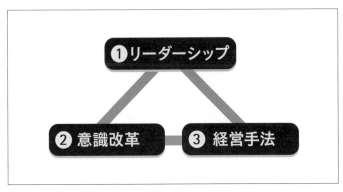

張っていけず、再建そのものが軌道に乗らない、方向の定まらないものになってしまいます。

　以上のことを整理しますと、優れた会社をつくるために必要な３つの要素とは、

<u>　　リーダーシップ　＋　意識改革　＋　経営手法　</u>

ということになります。これを図に示したのが図３です。
　日本電産の再建手法については、営業については第５章、コストダウンについては第６章で取り上げたいと思います。
　このことをオーケストラにたとえると、楽団員（社員）の楽曲への理解と取り組み、姿勢（意識改革）もよし、奏法（経営手法）もよしとしても、指揮者（リーダー）に人を得ていなければ、オーケストラから優れた良い音を引き出すことはできないわけです。

4. 日本電産の再建の狙い

　もうお気づきだと思いますが、日本電産の再建は、単に赤字会社の黒字化を狙ったものではありません。「１番以外は、皆ビリや」という言葉どおり、再建を契機として買収会社の体質を変え（意識改革）、買収会社の市場地位をトップに持ってくることにあります。
　先ほどのオーケストラの例で言えば、ナンバー１のオーケストラにすることが再建の最終目的なのです。

永守重信
社長からの
ファクス

自慢話が飛び交う
会議にせよ

6枚目

「いやあ、こんな会社じゃあ、あかんなあ」

永守社長の嘆息交じりの苦笑いに、私も少々意気消沈です。私が最初に再建指揮を命じられた日本電産芝浦で、再建が始まって数カ月が経った頃に開いた、全社員集めての研修会での出来事です。

永守社長は、日本電産が買収したすべての会社を、1社あたり年数回ほど回って、このような全社員参加の研修会を開催しておられました。再建にあたっては、その再建の成否を決めるのは従業員の意識改革の進展いかんですから、年間のすべての休日をグループ企業の社員研修にあてて、スピードと徹底の企業文化の形成に努められるわけです。

当時は、プロジェクターなどはなく、OHP（オーバーヘッドプロジェクター）でしたが、そこで使う原稿はすべて永守社長の自製でした。通常の会社によくあるような、企画部門の秀才が作成したようなものではありません。内容も各社の状況に合わせてすべて異なっています。

それだけ気合いのこもった原稿をもとにした1時間ほどの講話が終わり、司会進行役が、「では、どなたか質問は？」と会場に呼びかけます。

ところが、そう言われた途端、皆が下を向いてしまって、押し黙ったまま。誰も質問したり、意見を述べたりしようとしません。会場に気まずい空気が漂います。

「他のグループ会社は、はい、はいと、どんどん手が挙が

るぞ。そういう会社にならなければダメだ。会議でも研修でも活発なものでなければ、あかん」

そういう言葉を残して、永守社長は、次の目的地に向かわれました。

その後も、会議のたびに、「自分の自慢話をしろ」「自慢話が飛び交うような会議にしろ」ということは、しばしば口にされていました。

しかし、「自慢話が飛び交う」状態を人工的につくったり、"サクラ"を置いてやっても、何もなりませんし、第一、そういうものは従業員の「御見通し」になりますから、意味のないことになります。自慢話が自然体で出るようにしなければなりません。

会議の場面で、「出る杭は打たれるから、発言するのは止めておこう」とか、「ここは社内のヒエラルキーを考慮して、意見や異議を挟むのは控えておこう」とか、「こういう場では目立たない人間のほうが出世している。自分からは動かず様子を見ておこう」、といった空気が会議を支配している会社は、けっして自慢話が自然体で出ることにはなりません。

特に、会社にマイナスの風土が出来上がっている場合は、なかなかその風土を変えることは難しいのです。

たとえば、新しく来た経営者が「遠慮せずに、どんどん

私のところに意見を持ってこい」と言っても、誰1人そういうことをする人がいない場合があります。

これは、かつて直言する人がいたけれど、その直言がもとで前の経営者によって左遷されたことがあったとすると、「直言すれば飛ばされる」というマイナスの価値観が伝承説話のように社員の間に伝わっているのです。直言しても飛ばされないという事実が明示されなければ、社員はその価値観を変えようとしないという厄介な面が、企業文化改革にはつきまといます。

マイナスの企業文化を変えるには、そういう社員の間に代々受け継がれて、身過ぎ世過ぎの知恵となっているものを壊さないと難しいわけです。

そこで私は一計を案じて、永守社長が臨席される月1回の全管理職出席の経営会議には、「変化点」と名づけて、定例の報告事項に必ず前月との変化点、すなわち、改善点を付け加えて報告しなければならないルールを設定しました。

また、工場長が永守社長を工場案内する場合は、改善箇所以外は案内してはならないというルールも設定しました。1カ月間で工場内に前回よりも改善箇所がなければ、案内できないという状況に追い込むわけです。企業風土改革は、このように経営サイドが仕掛けていかないと、なかなか進展しない側面があります。

こうして、徐々に自部署の改善点を言い合う風土が生ま

れ、そういう風土が一旦生まれると、次は自然体で、けれんみなく、自慢話を会議で披露する若手の管理職がようやく生まれるようになりました。

　永守社長は、普段から部課長に対しては、「自分のポストを脅かす部下を育てろ！」というのが口癖ですから、湿った社内風土は大嫌い。

　また自ら自認する成長論者ですから、営業部門に対しても市場シェアトップを追求させ、1番以外は皆ビリ、2番というのは1番の次ではない、ということを、常に周囲に認識させておられますので、外向き志向の企業づくりを、再建にあたっても要求されます。

　だからこそ、質問も出ないような問題意識のない、活力のない、内側が湿った風土では、外に向かって伸びるような1番手企業はつくれない。だから、「会議も自慢話で持ちきりになるぐらいにせよ！」と叱咤激励されるわけです。

**永守重信
社長からの
ファクス**

当たり前のことを
当たり前にやれる
会社にせよ

7枚目

当たり前のことを当たり前にやる——。

　この言葉ほど私たちの周りでよく言われ、半ば日常語化している言葉もないでしょう。「当たり前のことを、当たり前にやるだって？　そんなの当たり前じゃないか」、そう言う落語調の軽口も聞こえてきそうです。

　この言葉を表面的にサラッと解釈すると、そうかもしれません。

　しかし、この言葉の字ヅラをつらつら眺めていると、この言葉の実行は、実は非常に難しいのではないかということに気づきます。

　まず「当たり前のこと」というのはどういう状態を指すのか？

　また、「当たり前にやる」にはどうしたらいいのか？

　私も再建作業を始めて、永守社長から届くファクスの中にこの言葉がありましたが、再建役として具体的にどうしていいか分からずに、そのままにしてありました。

　しかし、数カ月が経って再建の進捗が思うように進まなくなり、改めてこの言葉を引っ張り出してみました。

　まず「当たり前のこと」の意味です。たとえば、営業部門での「当たり前のこと」とは何か、を考えます。

　営業マンの活動サイクルは、訪問→商品説明→引合→受注です。このサイクルの最初の「訪問」における「当たり

前のこと」とは、いったい何でしょうか？

　アポはきちんと取って訪問しているのか？　行き当たりばったりの訪問ではないのか？　事務所にいつまでもダラダラいないで、午前中にはきちんと外出しているか？　営業マンの手帳は２週間先までアポで埋まっているか？

　こういったことを一つひとつ考えると、ほとんどが営業マン個々人にお任せになっていることに気づきます。すると、それ以降のサイクルでも「当たり前のこと」が営業部門としてきちんと定義されていて、部門として共有されているのかが心配になってきます。

　また、生産部門はどうでしょうか？

　前日に段取り作業が終わっていて、朝１番からきちんと計画どおりの生産がスタートしているか？　台車などの置き場は定位置化されているのか？　作業標準書類はきちんと整理されて、いつでも取り出せるようになっているか？　部品置き場では入出庫が管理されていて、数量は合っているのか？　毎月の棚卸しでは情物が一致していて、理論在庫と実在庫が合っているのか？

　こういった日常管理面での管理項目を書き出してみると、ノーコントロールに近い状態に唖然とします。

　では「当たり前にやる」とは、どういうことなのか？

　もうここまで来ると分かります。それは「当たり前のこと」を管理項目として整理し、これを個人レベルではなく、

会社全体で共有し、気持ちがいいほど徹底させることなのです。

こういう会社をつくるには、何を決め手にすればいいのでしょうか？ 先ほどご紹介した「優れた会社をつくるための3要素」の図をベースにしてご説明しましょう。33ページの図3における「経営手法」のところが「日常管理力（当たり前のことを当たり前にやる能力）」になります。

ここでもやはり3要素が必要です。経営者が日常のことだといって、担当部署任せにしないことが重要です。子どものしつけは親の責任ですが、それと同じです。日常管理力の強化こそ経営者の仕事だという意識が必要です。

図4／当たり前のことを当たり前にやる会社にするための3要素

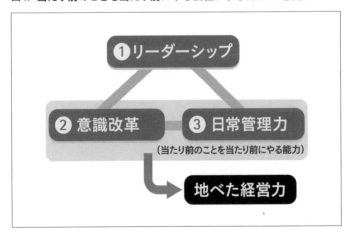

また、ここでも「意識改革」は重要です。日常管理を社員の共有の価値観にしなければ、すぐ後戻りしてしまいます。

　図4の中の「意識改革」と「日常管理力」を括って「地べた経営力」と書いてありますが、これは私の造語です。図中の「リーダーシップ」が経営者や経営管理者に属するものに対して、下の2つは、どちらかというと社員集団に大きく関係する領域です。

　会社の地べたにあたるこの領域が強いか弱いかで、会社は大きく変わってくると思います。いわばこの領域は、会社としての"インフラ"に相当します。このインフラ部分がしっかりしたものをつくり上げれば、経営者やリーダーは非常に楽になります。その意味でこの部分を「地べた経営力」と呼んで図の中に抽出したのです。

　企業再建にしても企業改革にしても、リーダーはこの部分をいかにしっかりとつくれるかがポイントではないかと思います。

　この地べたの部分をつくることができた会社としては、ものづくりメーカーでは、トヨタ、日本電産、京セラなどが思い浮かばれるのではないでしょうか。

第2章

"スピード"こそ最大の武器

**永守重信
社長からの
ファクス**

時間は万人に平等に与えられている条件。これをどう使うかで、勝負が決まる

8枚目

日本電産の創業は1973年。第一次オイルショックの年です。わずか4人の若者が、農家の一軒家を借りて会社を始めます。プレハブ小屋からのスタートです。

これは、永守社長の自著の中での述懐です。

「日本電産はモーターメーカーとしては後発組で、創業当時は、実績も信用もない。もちろん人手もないし、設備もなければ資金もない。こんなないないずくめの会社が、大手の同業他社と競争して一つでも勝てるものはないかと考えた時に、思い浮かんだのが『時間』であった。

1日24時間というのは、国内のどんな大企業でも、海外の企業であろうと条件は同じだ。この時間を有効に活用することさえできれば、何とか勝負になるのではないかと考えた」(永守重信著『人を動かす人になれ！』三笠書房)

こうして日本電産では時間の価値がDNAとなり、スピードが筋金入りの会社になっていったわけです。

具体的には次のようなことです。

大手企業に日参するうちに、熱心さにほだされた相手が、「じゃあ、いまちょうど新しいコンピュータの開発を進めているから、試しに、それ用のモーターの試作品と見積書を持ってきてみて」となります。日本電産はもちろん「分かりました」と引き受けます。

しかし、その大手は、日本電産にかぎらず、東芝や日立

系列の他の有力モーター会社にも同様の要求を出しています。彼らはいつも受注をもらっている常連です。日本電産についてはお試し同情発注に近いものです。

　ところが、「はい」と引き受けた日本電産は、その試作品をわずか1週間でつくり上げて届けるのです。1週間は業界の常識外。そんなメーカーは他にありません。

　相手はびっくりして、「えっ、こんなに早いの？　せっかく持ってきたのだから、そのモーターをちょっとコンピュータに装着してみるか」となります。

　その結果、「うん、悪くはないな。だけど、ここの振動と音をもう少し抑えられるといいのだがな。巻線数とステータの厚みを変えてみて。うちも、それに合わせてブラケット強度を上げてみるから」「はい、分かりました」と、話は次の段階へと進みます。

　そして、また1週間後。改良品を携えての訪問です。「お、前より良くなってるね。あとは、ここも改善できれば。うちも、そこだけちょっと設計変えてみるから」

　……と、こんなやり取りが、3回、4回と繰り返されるうちに、ほぼ完成となるのです。

　最初の話から、1カ月ほど経った頃、件の常連メーカーがようやく最初のスペックでの試作品を持ち込んできます。「いやあ悪いんだけど、日本電産というところと話がどんどん進んじゃって、うちの設計自体ももうだいぶ変わっ

ちゃっているんですよ。だから今回は申し訳ないけど、日本電産のモーターでいきますよ。おたくは次期の新コンピュータ開発のときにまた声をかけますから」

という展開になるのです。

こうして、技術はあるものの、ブランド力も実績も何もなかった弱小企業が、スピードだけで名だたる有力ライバルたちに打ち勝つのです。

永守社長の言う「時間で勝負しろ」とは、こういうことなのです。

日本電産が創業した1970年代は、戦後日本の高度経済成長が1つの頂点に達した時代でした。80年代後半のバブルへと向かう時期です。

日本のものづくりが完全に欧米を駆逐して、『ジャパン アズ ナンバーワン』（エズラ・F・ヴォーゲル著、阪急コミュニケーションズ）等の書籍も多数出版され、日本の工業生産は「わが世の春」を謳歌していました。繊細緻密な技術力と不断の改善努力とが組み合わさって、不動の地位を築き上げていたのです。

その一方で、経営の形態は、時間をかける農耕民族型。社内に稟議書を回して多数の印鑑を押し、意思決定に時間のかかる経営でした。試作品づくりに1カ月も2カ月も時間をかけても、それで十分に成り立つ経営。盤石の地位を得

た日本の大企業が、スピードという価値観をあまり重要視していない時代だったのです。

　そういう時代の中で、日本電産を創業した永守社長は、スピード、時間という概念に目をつけ、それを最大の武器としたのです。

　盤石と見えるものの中に欠けているもの。それを見つけ出し実行する視点と意志。それは、いつの世でも、先を読むリーダーにとって必要なものと言えるでしょう。

「最近わが社の傘下に入ったある会社と、日本電産の一番の違いはスピードです。その会社は、経営判断のスピード、そして決断してから実行するまでの時間がわが社の三倍ぐらいかかっていました。これ以外に、ほとんど問題点は見つかりません。高い技術力と優秀な人材、安定したマーケットも持っています。

　少し意識が低い社員、決断の遅い経営者がいただけで、赤字が百億円まで膨らんでしまったのです。いまの時代は、決断と実行のスピードの差が、そこまで会社の命運を左右します」

　これは永守社長が自ら書かれた『情熱・熱意・執念の経営』（PHP研究所）に掲載されている一文です。

**永守重信
社長からの
ファクス**

QCDは当たり前、QCDSSSでダントツにせよ

9枚目

「QCDSSS」は、日本電産のサブ・スローガンの1つです。

Qはクオリティ（品質）、Cはコスト、Dはデリバリー（納期）。製造業では、この3つを重視するのは当然のこと。どこの企業でも「QCD」経営は基本です。

日本電産の特長は、その次の「SSS」にあります。最初のSは「スピード」、2番目のSは「サービス」、そして最後のSが、これは日本語ですが「差別化」です。

特にこの3つのSの中でも、「スピード」が重要視されます。

日本の企業において、まだスピードということがそれほど重要視されていなかった時代から、スピードを武器に、無名企業から大企業へと躍進していったのが日本電産ですから、会社のまさに思考様式と行動様式の根幹とも言えるのが、このスピードなのです。

おそらく、日本電産は、日本で最も古くから、スピードに着目した企業だったのではないでしょうか。

これは、まだ無名企業だった時代から、異色のモーター専門メーカーとして、少しずつ名が知れ始めた頃の話です。

規模の拡大に伴って、新卒学生を採用しようということになりました。その入社試験の内容はなんと「早飯試験」。その当時の模様が永守社長の自著『情熱・熱意・執念の経

営』にあります。

　試験当日、仕出し弁当屋さんには、スルメや煮干しなど、噛まないと飲み込めないようなおかずばかりを入れてほしいと注文したそうです。弁当屋さんは、目をシロクロ。事前に永守社長や社員が試食したところ、1番遅い社員でも10分だったので、10分以内に食べた学生を採用することにしたのです。

　学生には何も知らせずに弁当を食べてもらい、10分以内に食べた学生のみ、33名を無条件に採用したとあります。

　また、あるときの入社試験は、試験会場に早く到着した者から順番に採用。これは、この採用試験を実施する前に、社内の一定期間のデータを調べてみたら、出社時間の早い、遅いによって、成績に差があることが分かったため、この基準を採用条件にしたというものです。

　現在の日本電産では、こういう話は昔話になっていますが、創業間もない時代から、入社試験においてすら、このスピードへのこだわりようだったのです。

**永守重信
社長からの
ファクス**

「すぐやる、必ずやる、出来るまでやる」

10枚目

私がこの本で読者の皆さんに伝えたいことは、まえがきにも書きましたが、リーダーとはどうあるべきか、それを「永守語録」という形でお伝えすることです。

　それと同時に、会社とはどうあるべきか、強い会社をつくるには何が重要なのかを、私が日本電産の再建の現場で、永守社長のファクスから学んだ教訓をお伝えすることです。

　これからの日本経済はいままでとは様相を異にするでしょう。それは人口の急速な減少がボディーブローのように効いてくるということです。

　現在は人口の減少が毎年20万人から30万人ですが、これが2030年代も半ばを過ぎると、毎年100万人ずつ減っていきます。100万人というと仙台市の人口規模です。つまり、毎年仙台市相当の都市が1つずつ消滅することになります。そして2050年には、人口の約4割が65歳以上という国に否が応でもなっていきます。

　経済環境としては、日本は衰退国家の部類に入っていくでしょう。しかし、企業もそれにつれて衰退していくというわけにはいきません。どう生き残るか、生き残るだけではなく、どう勝ち残るか。そのためには、いまのうちからどういう会社にしておかなければならないかを、日本電産の経営を経験した者としてお伝えすることです。

　「1番以外は、皆ビリや」という言葉と「すぐやる、必ずやる、出来るまでやる」という2つの言葉は、どういう会社

を目指すべきかについて、日本電産から見たものの考え方を最も忠実に表している言葉だと言えます。

日本電産は、言葉(スローガン)を非常に重要視する会社です。会社によっては、スローガンを単に心構えや願望と位置づけて、経営者が語呂の響きの良い言葉を額に入れて飾っている場合があります。しかし日本電産の場合は、言葉(スローガン)は、経営者をはじめ社員全員が必達すべき業務課題に近いものです。良くあれかしとして標榜するものではなく、実現すべきものです。

2つの言葉のうち、「1番以外は、皆ビリや」は会社の市場における地位を表します。その業界のトップ企業を目指せ、というスローガンです。

私が最初に再建を担当した日本電産芝浦が、再建スタート時に業界7位だったのを1年で2位にしたので永守社長に褒められると思ったのが、逆に「なぜ1番にしないのだ」と言って、真顔で叱られた話は前述したとおりですが、このことはスローガンが単なるお飾りではないことを表している証拠でしょう。

次の「すぐやる、必ずやる、出来るまでやる」。永守社長は毎朝5時に起きてこの書をしたため、それから会社に出社されます。当時、私が永守社長から伺った言葉ですが、これが買収した会社に順番に配られます。私が再建を担当し

た会社にも額装入りの書が送られてきました。それだけ経営者の思い入れの強い、気合いのこもった言葉です。

「すぐやる」はスピードを、「必ずやる、出来るまでやる」は物事を徹底することを意味すると私は解釈しています。「1番以外は……」が会社の外形を表すものに対し、この言葉は会社の中身を表している言葉です。会社に付与させるべき企業体質、企業風土を表しています。スピードと徹底の企業カルチャーを身につけると、どんなに会社が気持ちのよいものになるか、社内の風景が変わるだけでなく、外が自社を見る目が違ってきます。もう2度と、もとのダラダラ会社に戻ろうという気にはなりません。

日本電産の再建とは何か、はたまた会社づくりとは何かを簡潔に表現するとすれば、この2つの言葉ほど的確なものはないでしょう。

この2つを買収会社の再建において必ず実現させる。だからこそ、2015年時点での話ですが、それまでの数年間に買収した数社から10以上の世界一製品が出ているのです。再建が単なる帳尻合わせではなく、質の転換を伴ったものであることを示しているわけです。

それでは、どうしたらこの「スピードと徹底」の企業風土を会社に付与させることができるのでしょうか。本書の大事なテーマでもありますから、その運動論（プロセス）を

述べてみたいと思います。

　第1章では、「意識改革」と「優れた会社の3要素」について仕組みを中心に述べましたが、この第2章では、経営者が社員集団に働きかけて優れた企業風土（企業カルチャー）を実現させていくプロセスについて述べてみます。60ページの図5に見開きで示したのがそのプロセスです。

　私が日産自動車在籍時、久米豊社長が新社長として登板し、同社長が企業風土刷新運動の陣頭指揮を執られたことがありますが、その際に私はプロジェクトチームのリーダーを拝命しました。この図式はその運動の中で使ったものです。

　この運動は4年間続き、その結果、官僚的風土が顧客志向の風土に変わり、シーマなどの大ヒット商品も生まれ、一時トヨタの心胆を寒からしめたことがありました。日産がカルロス・ゴーン率いるルノーに買収される14年前の出来事です。

　この図式は、古くは江戸時代中期、米沢藩を改革した上杉鷹山が藩政改革に使った方式をも参考にしたものであり、運動論としてはわかりやすいものなので、本書でも使ってご説明したいと思います。

step1　トップによる不退転の決意と揺さぶり

　まずリーダーの「何があっても会社を変えたい」という

強い決意が必要です。「できれば変えたい」程度の願望経営では、絶対に会社は変わりません。そしてその強い決意で組織に揺さぶりをかける必要があります。

たとえば、日本電産では永守社長が「1番以外は、皆ビリや（ナンバー1戦略）」という揺さぶりを再建役の代官にかけて行動を促す。それがこの段階に相当します。

GEを立て直したジャック・ウェルチが「ナンバー1、ナンバー2戦略」を打ち出し、市場シェアが1位か2位になれない事業は、撤退・閉鎖・売却すると各事業部門に示したのも、この揺さぶりにあたるでしょう。

step2　中間管理職の受け皿集団形成

トップ1人では組織を変えることができません。トップは変革を促す人であり、変革を実行するのは組織の構成員たる社員だからです。組織は第1章で述べたように、さまざまな価値観の人間の集合体です。組織が宗教団体だったら、教祖様の一言でさっとなびくかもしれませんが、会社というものはそうはいきません。

社員集団が全体として持っている価値観が、トップの業務命令で変わるものなら簡単ですが、そうではない性質を持っていると言われます。組織論の学者先生方が、これを「組織は物理学でいう『慣性の法則』を持っている」と表現されています。

図5／企業風土を変える4つのステップ（揺さぶりと波動のメカニズム）

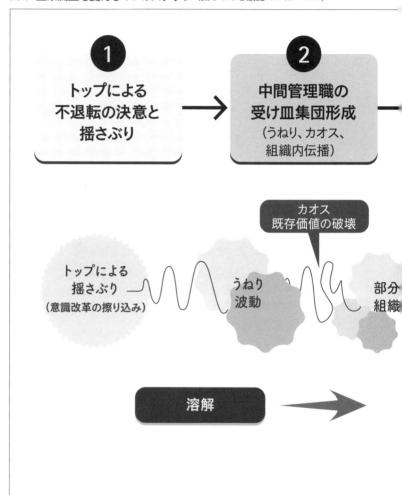

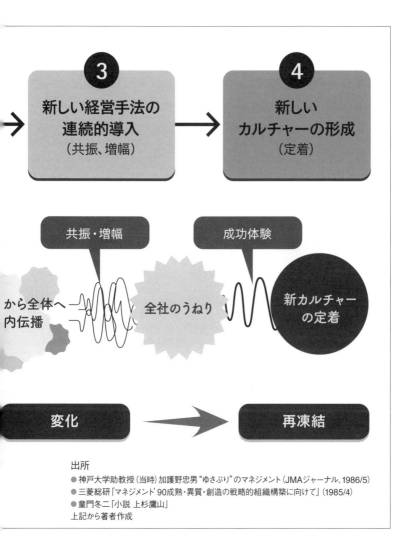

動いている電車が急に止まると、乗っている人は前につんのめります。また、止まっている電車が急に動き出すと、後ろにのけぞります。あの法則です。
　つまり組織の中の人間は、いままでの価値観をできるだけ変えずに、維持しようとする性質を持っている。あるいは、何か新しい動きが、たとえば風土改革などの動きがあると、これに反発するような作用を示す性質を持っている、というわけです。
　これが前向きの価値観ならいいのですが、後ろ向きの価値観なら始末が悪い。この後ろ向きの価値観を牢固として守ろうとするのが組織だからです。
　第1章でご紹介したように「出る杭は打たれる」というマイナスの価値観が支配的な組織は、いくらトップが「行動を恐れるな、率先して動け」と言ってもなかなか変わりません。そのことがこれを指しています。これは皆さんが日常いろいろな場面で経験されていることだと思います。
　そういう性質を持っている組織を変えるには、どうすればいいか。トップと感性を共有し、トップの意を受けて動く中間管理職の受け皿組織をつくって、頑固な組織に働きかけるという手法が有効です。この組織をトップ自らがつくって、トップと一体となって改革運動を行わせ、社内に働きかけて、動かない人たちの価値観・思考様式・行動様式を変えていくわけです。

先ほど述べた日産での改革では、意図的にモデル部署をいくつかつくり、そこが改革の核となって周りに働きかけることで、改革の波を起こしていきました。
　このステップ２は、初めはなかなか動きが鈍いのですが、動き始めると改革にイナーシャがついてきます。いままでの悪しき価値観が溶け始め、組織内に新しい価値観の共振・増幅作用が起こり出すからです。ちょうど、池に石を１回だけ投げ込んでも何も起こりませんが、何回も投げることによって大きな波が起こるのに似ています。
　この方式の古い成功事例が前述した上杉鷹山の改革ですが、近年の例では、カルロス・ゴーンが日産の改革で採用した「クロスファンクショナルチーム（組織横断チーム）」がそれに該当すると思います。チームのメンバーからあえて保守的な傾向の強い役員、部長は外して次課長だけで構成し、大胆な提案をさせてそれを即実行、会社を１、２年で立て直したわけです。
　また、京セラ創業者の稲盛氏がJAL再建に際して最初に行ったのは、社長以下50人の幹部の週４日、１カ月にわたる意識改革研修でした。JALの再建が短期間にできたのは、このステップがあったからこそと言われています。

step3　新しい経営手法の連続的導入

　改革の波が次第に大きくなり、社内に予想もしなかった

ようなポジティブな動きが起こる場合があります。私が体験した忘れられない光景をご紹介しましょう。

　日産で企業風土刷新運動に没頭していたある日のこと、何かの用事で、日曜日にエンジン工場に行かなければならないことがありました。稼働が止まった機械がずらっと並ぶ、静まりかえった広い工場の中に入って目を凝らすと、何やら黒い人影が動いています。ウエスという布を手に持って、油だらけの機械を磨いている女性社員の姿でした。

　事務所の女性社員が誰に言われるともなく、三々五々集まって、工場が稼働していない日曜日を選び、機械磨きに精を出しているのです。

「会社というものは、変わるものなのだ！」

　あのときほど、身震いするような感動が身を包むのを感じたことはありませんでした。

　このような変化が全社を覆い始める時期を捉えて、次々と新しい経営手法を投入していき、変化を加速させるのがこのステップです。抜擢人事や加点主義の人事制度も変化の追い風を受けて効果を発揮するでしょう。

　そして何よりもこの時期を逃さず、普段は組織にアレルギーが起こりそうな、難しい本質的な改革を導入するのです。開発期間の大幅な短縮、生産リードタイムの半減、抜本的なコストダウン、売上の大幅増加など、可燃状態になった組織のもとでは、通常では考えられないような短期間に

大きな効果を上げることができます。

step4　新しいカルチャーの形成

　上記の3つのステップを経て、ようやくここに「すぐやる、必ずやる、出来るまでやる」に代表される、狙いとするカルチャーが後戻りしない形で定着しました。これで再凍結です。

　最後に重要なことを1つ。
　なぜ日本電産流会社経営学は、「意識改革」に始まる企業カルチャー変革にこだわるのでしょうか？
　日本にあまたおられる有力経営者の中で、永守社長ほど「意識改革」を企業改革の筆頭に持ってこられる経営者はいないと私は思います。
　多くの経営者が、米国発の戦略経営を自社へ導入したり、あるいは強い製品づくりをもって企業力強化を考えます。もちろん、日本電産の経営にもその視点はあるのですが、その前に企業づくりの原点として、「意識改革」を持ってくる。それはなぜなのか。
　私は、再建の現場で自分の担当会社に意識改革運動を導入しながら、また大昔の日産時代に行った企業風土刷新運動を思い出しながらそのことを考えていて、ハタと合点がいったことがありました。

それは「意識改革」に始まる会社づくりを農業に置き換えればいい、ということでした。このことは何度か本書の中で触れていますが、農業で最も重要なことは「土づくり」です。良い土をつくっておかないと、どんな良い種や苗を植えても良い作物は得られません。「土づくり」を軽視する農家は皆無です。
　では、会社づくりにおける土づくりとは何か？　それは企業風土を良くすること以外にありえません。そのことをわかっているからこそ、日本電産の企業改革、企業再建では、意識改革に始まる最高の土づくり、つまり最高の企業風土づくりを狙うのです。だから買収以前はダラダラ会社だったものがキビキビ会社に１年で豹変し、そこから世界一製品という作物がいくつも生まれるわけです。
　これによって獲得した「最高の企業風土」という代物は、他社が簡単に真似をすることができません。強い製品をつくっても短期間に真似されますが、企業風土まで真似することは、なかなかしないものなのです。
　このことに気がついて会社づくりを行っているのは、日本電産の他ごく少数であることが、私にはどうしても不思議に感じられます。

**永守重信
社長からの
ファクス**

黒字化・再建は、
1年以内に達成せよ

11 枚目

日本電産の再建は、決まったパターンがあります。

何度か説明しましたが、まず買収した会社の従業員には手をつけず、社長以下の役員陣もそのままです。日本電産本体からは1人だけ再建の常駐指揮官が派遣されます。通常はナンバー2のポジションとして送り込まれますが、再建期間中は実質社長役です。

普通、再建というと、本体から何人もの役員、幹部級人材が派遣され、旧役員陣や幹部に代わって経営を行うわけですが、それとはまったく様相を異にした再建です。

そして永守社長が1泊2日の日程で月1回来られ、経営会議に出席。終わると常駐指揮官に次の課題を指示して京都本社に戻られます。

また、常駐指揮官は、再建する会社の業務経験がない素人では、再建のプログラムも組めないはずですが、永守社長は、まったくこれを意に介しません。

事実、私が最初に再建を命じられた旧芝浦製作所は、東芝の名門子会社であり、家電モーター会社としては歴史もある、それなりの規模の会社でしたが、対する再建指揮官としての私は、自動車会社の経験はありますが、家電モーターに関しては知識ゼロ、経験ゼロ。それよりももっと大事な人脈ゼロ。誰が本当のことを言ってくれて、誰がそうでないのかも分かりません。たとえば、海図がない状態で船をシケの海に出す状態と言っていいでしょうか。

1998年9月のことは、いまでも忘れません。社長室に呼ばれた私は面食らいました。買収したばかりの芝浦製作所に明日から再建に赴いてくれというご下命です。まさに「明日から」です。

　私は思わず、戦国大名から任地への急遽出立を命じられた戦国武将をイメージしました。供も連れず、単騎馬に飛び乗って尻に鞭打ち館を飛び出していく、時代劇に出てくるあの姿です。「スピード」を最優先する当時の日本電産にはそんな空気感がありました。

　そして戦国大名の永守社長からA3の紙1枚が渡されます。表題に「再建の指針」と書いてありました。再建にあたっての主要な経営目標数値が30項目ほどしたためられています。

　最初に「意識改革」に関するものが数項目。次がコストダウンの項目。続いて売上強化。最後にリーダーの心構え。その最後に「会社を1年以内に黒字化すべし」で結んでありました。

　後になって分かったことですが、どの買収もすべてこのスタイルです。経験ゼロの人間を1人だけ派遣して、ご自分が後方から指揮する。こうしたパターンが50数社にすべて共通するのですから、永守社長が再建手法に絶対の自信を持っていることは確かです。

　なぜ絶対の自信があるかというと、既に私が述べてきた

ことからお分かりいただけるように、会社というものはどういうプロセスを踏めば変わるものかということ、一種の方程式のようなものを、長年のM&Aの経験から会得しているということだと思います。

　繰り返しになりますが、まず意識改革という土壌改良を行う。その土壌に優れた種である日本電産流メソッドを蒔く。そして豊かな実りを1年後に得る。それに尽きると思います。

**永守重信
社長からの
ファクス**

私と「経営感性」を
同期化せよ

12枚目

今日から再建の現場である日本電産芝浦に発つという当日。日本電産本社の永守社長から飛び込んできたファクスの言葉です。

手書きで、独特の字体の文面でした。

それを目にした瞬間、私は緊張感を味わうと同時に、もう単なる部下ではないのだ、今日から自分自身が経営する立場に立つのだという思いを強めたものです。経営することの厳しさに、改めて思いをめぐらせました。

本社から"代官役"として単騎で乗り込む。それにはメンタリティまで永守社長と合わせろという指示です。

一種の畏怖を感じたのも確かですが、むしろ、「お前は永守軍団の重要な一部なんだぞ、そこをわきまえろ、経営者としての覚悟を持て！」と、使命を託された誇りをも感じたものです。

永守社長が「私と『経営感性』を同期化せよ」と言う場合、それは経営におけるスピード感であり、赤字企業にはびこる悪しき価値観の破壊を指していると、私は直感しました。

長年トップとして全軍の指揮を執ってきた永守社長。その人物と私とでは、当然、とんでもない能力差があります。どうあがいても、同じ人間にはなれません。

だから、「自分とまったく同一化しろ」ということでもなければ、「自分の真似をしろ」ということでもない。しかし、

「永守軍団の中枢の一員として、日本電産のDNAを受け継いで、経営者として最大限の努力をせよ」。私はこの言葉を、そう受け取りました。

　日本電産は、既に紹介したとおり、モーター関連の赤字企業のうち再建の余地ありと判断した会社があれば次々とM&Aして、そこに自社から経営の責任者を送り込むことを続けてきた企業です。
　したがって、私以外にも、私と同様、赤字企業に再建の"代官役"として乗り込む人が何人もいました。その一人ひとりに、永守社長は異なる言葉を送っていたようです。
　そして、私の場合、送られてきたファクスの言葉は、「同期化せよ」だったのです。
　既に日本を代表する経営者の1人となっていた永守社長が、「自分と同期化せよ」というのです。そのこと自体の衝撃と同時に、リーダーには相手を奮い立たせる言葉の力が非常に重要だ、と思い至ったのでした。

**永守重信
社長からの
ファクス**

見積もりは
24時間以内に出させよ

13枚目

日本電産では「スピード」は"社内スピード"ではなく、"社外スピード"、すなわち顧客とのスピードを意味します。

会社によっては、「会議は1時間以内」とか「稟議書を早く回す」など、社内での時間短縮をもって、スピード化を標榜している会社があります。

これはこれで悪くはないのですが、企業は激甚な競争をしているわけですから、ライバル企業を上回るスピード化、つまり、顧客との距離を時間という尺度で縮めることをしなければ意味がありません。

そして、この顧客との最初の接点が見積もりです。ここをライバル企業より最短にすることが顧客との関係強化の第一歩です。競争に勝ちたかったら、ここを顧客が感激し、ライバルが地団太踏むほどにスピード化すればよいのです。

私が最初の任地、日本電産芝浦に着任して程なくして、日本電産本社の永守社長から届いたファクスには、「見積もりは24時間以内に出させよ」の文言が入っていました。

それまでの芝浦は、営業マンがやっと顧客からもらった見積もりを、早くて1週間、遅ければ2〜3週間もかけて届けていました。

それでは、見積もりという作業は、そんなに時間がかかるものでしょうか？　そんなことはありません。根を詰め

て連続してやれば、24時間もかからないものが大半です。

　それを、開発や工場の見積もり担当者は、社内会議の合間合間にやっているので、延び延びになるのです。私は、「そんなに時間をかけると蕎麦がのびきってしまうゾ」とハッパをかけて、このファクスの励行に努めました。

　営業マンがお客様のところに通いつめて、やっと見積もりをもらいます。事務所に戻って図面とスペックを開発と工場に送ります。すると翌日午前中には、営業マンの手元に見積もりが届いています。それを持って営業マンは、見積もりをもらった翌日午後には、お客様を訪問することになります。

　これにはまず、お客様がびっくりします。そして、すぐに試作のオーダーをもらうことができるわけです。競争に勝ちたかったら時間で勝負する。スピードは、戦いに勝つ最高の武器。これが分かって初めて、会社の中にスピード・カルチャーが浸透していきます。

第3章

徹底する会社は、気持ちがよいものだ

**永守重信
社長からの
ファクス**

結果報告は
○△×だけでいい

14枚目

自動車業界にいた私は、会社には２種類あるなと、日頃から考えていました。それは、「計画をつくるまでの会社」と「計画をつくってからの会社」です。

　計画をつくるまでは一生懸命だが、その後は熱心にフォローせず、計画がうまくいかないと、できない理由ばかりを並べて棚上げしてしまい、すぐに次の計画、次の計画へと移っていく会社。プランばかりつくって実行が伴わない会社。それを私はひそかにプラン・プラン会社と名づけていました。

　もう一方は、計画をつくるまでではなく、計画をつくってからがスタートだという企業文化の会社です。この計画をいかに達成するかと必死に取り組む会社。

　このような思いを抱いていた私は、永守社長に「うちは、これだけや」とパンフレットを見せられ、「すぐやる、必ずやる、出来るまでやる」という言葉に出合い、衝撃を受けたのです。そして、自分の人生をこれに賭けようと思ったのでした。

　京都での永守社長との面接を終え、南アフリカに戻るため成田に着いた私は、空港から日本電産を紹介してくれた日産自動車の人事担当者に電話を入れました。「先ほど面接を受けました。これからヨハネスブルクへ戻ります」と伝えるためです。

　すると、電話の向こうでは、「おい、ちょっと待て、お前、

日本電産から採用したいと連絡が来ているぞ」という返事。その反応の速さに驚きました。

こうして私は一旦ヨハネスブルクに戻ってから、すぐまた準備をして、日本電産に入社するために日本に戻ってきたのです。

どの会社でも、1年に1回、年度ごとの経営方針発表会というものがあります。社長出席のもと各部門の担当役員や部長クラスが、自分のセクションの今期の予定・方針を経営幹部が揃った場で発表するものです。

このとき、同時に、前期の実績についても報告することになります。この前期実績の報告に関して、日産と日本電産とでは大違いでした。

日産では（私が在籍していた時代の話ですが）、前期の業績が予定に達しなかった場合、その理由について滔々と説明が行われていました。なぜ計画が未達に終わったのか、社内にこういう事情があった、ライバル社の動向がこうだった、全体の経済状況がどうだった……と、綿密で精緻な分析が延々と語られます。

では、その結果や分析を受けて、今期はどうすべきかということになると、分厚い報告書のうち、最後の1、2ページにあるだけ。そこに到るまではすべて、前期できなかった理由の解説で埋められていました（余談ですが、この「理

由分析」で能力を発揮する理論派部課長ほど担当役員に重用されて出世するという傾向があったのも事実です)。

　ところが、日本電産は……というと、前期の実績に関しては、○△×のマークだけです。

　計画どおり達成できたなら○印が記してあるだけ。8割ほど実現できた場合は△。8割以下なら×。たったこれだけです。

　経営計画発表の席では、パワーポイントで作成した資料をモニターに映し出しながら説明するのですが、「前期」に関するページはこれらのマークだけ。私も、転職して初めてそれを見たときは、本当にびっくりしたものです。

　反対に、前期の結果を受けて来期はどうすべきか、何をやるか、どうやるかということが、いっぱい書いてあります。ページのほぼ全部はその記述で埋まっているのです。

　永守社長は、言い訳には関心がありません。ある企業を買収した当初、そこの幹部が経営方針発表会で計画未達の理由を長々と説明し続けていたところ、永守社長が厳しく叱責したことがあります。「いつまで、できない理由をダラダラ喋っているんだ。大事なのは、どう戦うかだろう」と。

**永守重信
社長からの
ファクス**

仕事、同じやるなら
本腰入れて
やってごらん

15枚目

「仕事、同じやるなら本腰入れてやってごらん。そのほうが疲れないで楽しいから」

　日本電産のグループ会社で再建作業を行っていた頃、私は少しでも経営のヒントを得ようと、グループ内のいろいろな企業を訪ね、教えを乞いに行脚していました。

　この言葉は、永守社長からの「1度訪ねよ」とのアドバイスがあって、業績向上が素晴らしいと評判のあるグループ会社を、その秘密を教えてもらうために訪れた際、会社の事務所に飾ってあった額の中の文言です。

　これは、スピードと徹底の文化の浸透によって経営が改善した喜びを、従業員全員に伝えるために、30歳代の若い工場長さんが、自らしたためたものでした。

　個人で何か仕事をする際、たとえば日曜大工仕事をする場合であれば、仕事は120、130％の力をかけても、50、60％の力でやっても、そんなに変わりはありません。50、60％のほうがずっと楽かというとそんなことはない。むしろ120、130％かけて出来栄えがいいほうがずっと楽しいことは誰でも経験していることです。

　ところが、会社組織になると、どういうわけか、これと様相が違ってきます。物事を徹底して行う会社は非常に少ない。ほとんどの会社が、不徹底会社で止まってしまっています。経営者も管理職も社員もゆるゆるになって、前項で述べたようにプラン・プラン会社のままです。

私は日本電産を辞めた後、現在は経営コンサルタントの仕事をしていますが、業績の悪い会社の１番の原因は「物事を徹底してやらないこと」、これに尽きると断言して構わないと思っています。
　業績が悪くなってもそれを嘆くだけで、社長以下経営幹部が対策会議は行っても、自ら挽回の行動に出ないのです。
　売上未達なら、経営者も営業担当役員も、率先して顧客回りをするとか、前線で戦う営業マンの塹壕に飛び込んで叱咤激励し、自らも泥をかぶる姿を見せなければなりません。
　しかし、そういう会社にかぎって、経営者は、やれ新規ビジネスモデル開発だの、なんとか戦略だのと、研究に多くの時間を割いています。
　私がいた日産自動車は、異常な労使関係が解消されて一旦は"プラハの春"を迎えましたが、結局トヨタ、ホンダとの競争に追いつけず、経営危機に陥りました。
　フランスからカルロス・ゴーンが落下傘降下し、なんと１〜２年で立て直しましたが、その最大の要因は、「業績未達を２年続けた役員はクビ！」というゴーン宣言です。
　これで社内が引き締まり、上級幹部が役員室を空にして行動するようになったことで、物事を徹底する体質に転換し、プラン・プラン会社は解消されたのです。

**永守重信
社長からの
ファクス**

脇は甘くないか。
経営は結果だと
いうことを忘れるな

16枚目

日本電産芝浦に再建指揮官として着任して数カ月、赤字解消の手がかりがつかめないまま七転八倒していた頃に、永守社長から届いたファクスです。

日本電産社内には「結果責任主義」という言葉がありました。これは、業績が悪化した場合に、経営者が責任を取って辞めるという意味ではありません。経営者は結果に責任を負っているわけですから、その結果が出るように行動し、経営するという意味です。

つまり、これは考え方ではなく行動規範です。結果がどうなるかを事前に予測し、計画どおりの結果が出るように手を打つことが経営者の役目だ、というのが日本電産流の「結果責任主義」なのです。

赤字会社の再建では、最初に手をつけなければならないのがコストダウンです。売上増大は、もう1つの重要な赤字解消策ですし、そちらの手も打ちますが、結果が出るまでにどうしても半年から1年近くかかります。それを待っていては、会社は出血でどんどん体力を失ってしまいます。

したがって、速効性のあるコストダウンにこそ、最も力点を置かねばなりません。

コストの中で、非常に大きなウェイトを占めているのが、材料費・外注費です。日本電産グループ内で「材外費」と呼んでいるものです。これを売上高比で最終目標50％以下

にするというのが、私に課された課題でした。

　ここで「私に課された課題」と書きましたが、日本電産グループの経営者は、経営目標は「会社に課された課題」と読み解くのではなく、「私に課された課題」と読み解きます。

　この目標は当時の芝浦にとっては、非常に高いレベルです。もちろん、材外費比率は業種によって差があります。樹脂成形業界は30〜40%、自動車メーカーなら60〜70%前後といったところでしょうか。

　一般の会社と同じく、芝浦も材外費の管理部署は購買ですから、まず購買部に目標を与え、動いてもらいます。しかし、購買部門としては懸命に目標を追いかけましたが、数分の1しか達成できません。購買部長以下は、できない理由をたくさん並べます。

　たいていの会社は、この段階で活動終了でしょう。来期には、購買部門の管理職を更迭しようと考える経営者もいるかもしれません。

　しかし、日本電産グループ会社では、ここからが経営者の出番です。目標を指示したのは経営者であり、その目標は購買部門の目標であると同時に、経営者自らの「自分の」目標でもありますから、自分で刈り取りに部品メーカー行脚を始めます。

　さすがに経営者が出て行くと、相手の対応も変わります。「情熱・熱意・執念」「すぐやる、必ずやる、出来るまでや

る」がグループのモットーですから、出来るまで、ひたすら執念を持って行脚の毎日を続けます。

その甲斐あって、やっと目標が達成されたとします。すると部下の経営者を見る目が違ってきます。

芝浦の本社は、福井県小浜市にありますが、この地方の言葉に「語るな」というものがあります。どうせ、今度の経営者は自動車業界上がりの素人だから、このモーター業界の難しさなど分かりっこない。初めはカリスマ経営者の威光を背に、うるさいことを言ってくるだろうが、そのうちへばって、京都に戻るに決まっている。

だから、「語るな！　嵐が過ぎるまで黙って待っていよう」となるのです。

しかし、経営者自らが動いて、自分の発した目標を達成したとなると、「この人はいままでの経営者とは違う。俺たちと同じ側に立って、苦楽をともにしてくれそうな人だ」となります。叱咤激励するだけのお神輿経営者でなく、神輿を降りて経営者が先頭に立てば、集団は変わるのです。

日本電産がM&Aしてきた50数社すべてが1年以内に黒字化を達成していることは、前に書きましたが、その理由は、集団が「『徹底』の会社」に変わるからです。そして日本電産における「徹底」とは、このような経営者行動が発端となるのです。

**永守重信
社長からの
ファクス**

経営者たる者、コストの原単位を頭に叩き込め

17枚目

「**ち**ょっと名刺を見せてくれ」
　あるとき、私は永守社長にこう言われ、自分の名刺の入ったケースを手渡しました。ケースの中から私の名刺を取り出して眺めた永守社長は、次に、こう問いかけてきました。
「ああ、両面印刷だな。カラーか。これ、200枚いくらで買っているんや？」
　名刺の手配に関しては総務にお任せの私は、
「いや、ちょっと分かりません」
　と答えました。そのあとも永守社長の質問と、私のモジモジ状態が続きます。
「そうか。じゃあ、そこにあるコピー機、A4が1枚のコピー代はいくらかかる？」
「いやあ、それも総務に聞かないと、ちょっと分かりません」
「あそこに見える工場、1キロワットあたり、電気代いくらだ？」
「いやあ、ちょっと……」
「先日、中国に工場建てたな。そこの電気代は？」
「……」
　ここで永守社長が一言。
「君ね、よくそんなんで経営できるね」
　続けて次の言葉が発せられました。

「経営は原単位だぞ。原単位を押さえてないと経営はできないんだぞ」

日産時代が長かった私は、そのような細部のマターは、各担当部署が扱う世界の話だと考えていました。戦略を立てたり、高額の投資を決断することこそ経営であって、細部の単価など経営トップの領域とは関係ないと思い込んでいたのです。

私が長く籍を置いていた日産は、いわゆる大企業の一角にあるわけですが、そこでは足元の月次決算が赤字の垂れ流しであるのはさして議論されず、経理部門の説明で2時間もかけずに終了してしまう。

それよりも役員会で時間をかけるのは、トヨタをいかに上回るかの壮大な戦略論議であり、それを作成した優秀なテクノクラートである部課長の流麗な説明で、それを聞いた居並ぶ経営陣は、もうその戦略が、手に届くところにあるかのように錯覚してしまう。そういった状態でした。

そうではない。経営は結果であり、数字で経営するものなのだ。だから、経営者が原単位を知っていなくて、なぜ経営ができるのだ。

私は30数年の長い日産勤務を経て、日本電産というこの再建現場に来て、やっとそれが分かったのでした。

この日の永守社長のこの一言で、私はガーンと打ちのめされました。原単位を把握しない、ディテールを把握しない経営は経営ではない。経営者たる者、上から会社を眺めているだけでなく、社内の誰よりも細部についても把握しておくべきだと。
　これは中堅リーダーの場合であっても同じでしょう。自分の発する号令が部下に対して説得力を持つのは、こういう単なる細かさを超えた視点の鋭さ、ビジネスに対する真摯で厳格な姿勢が垣間見え、相手がそれを感じるからこそだと思います。

**永守重信
社長からの
ファクス**

明日から伝票を見よ

18枚目

永守社長は、年中、日本は言うに及ばず、世界各地を回っています。M&Aして傘下におさめた会社を定期的に視察するためです。日本の会社の場合は、各社を毎月1回、1泊しての視察となります。

　公式な日程としては、2日目の昼間、視察先の幹部を集めた経営会議が行われ、われわれからの現状報告と、それを受けての永守社長からの指示。

　あるいは、私のように"再建人""代官役"として本社から1人だけ送り込まれている者とのコミュニケーションの場となります。私が、前項の「経営者たる者、コストの原単位を頭に叩き込め」という言葉を聞かされたのは、その1対1の場でした。

　この言葉に続いて言われた具体的な指令が、「明日から伝票を見よ」です。

　会社のコストの原単位、ディテールを何1つ把握していない私の経営の甘さを危惧して、「明日から全部伝票を見る経営をやれ」と指示されました。

　そう言われた私は「はい、分かりました。では各役員に分担してやらせます。伝票を区分けして、各役員が担当部門の伝票を見るようにします」と返事。

　が、すぐまた「そうじゃないッ。馬鹿者！」と怒鳴られました。「君が見るんだ。君が、全部、見ろ」というのです。

　私のいた日産の常識では、経営幹部が伝票を見る風景な

ど想像もできません。伝票は薄い紙で、このぐらいの大きさの四角いものだな、ぐらいの認識しかありません。

　伝票を1枚1枚見るなんて、古臭い経営だなと思わず感じました。大学の経営学の講義で、「昔の経営者は、伝票を見る経営から始めた」というような話を教授から聞いたのを思い出したぐらいです。

　ところが、伝票を毎日1枚ずつ欠かさず見続けていると、次第に分かってくることがあるのです。「おかしいな、同じ金型のはずなのに、先日のものと仕入れ値が違っている。ここ甘いな」となるわけです。

　この気づきが大切なのです。毎日伝票を見ることで生まれる感覚です。

　伝票を全部見るようになってから、私は、夜でも必ず出先から会社に戻るようになりました。私のデスクに置かれた伝票の中には、翌日すぐ業者への支払いが必要な伝票もあるからです。

　夕方から大切な取引先に出向いて、価格交渉し、重要なトップセールスに決着をつけたような日でも、そのままやれやれと帰宅するわけにはいきません。必ず、会社に戻って伝票を見る日々を重ねました。帰宅できるのは深夜12時近くになります。

　しかし、そのことで培われたものは小さくありませんでした。自社でつくっている製品がいかにデジタルの先端に

位置していようと、それを売るための経営・営業は、実はアナログそのもの。そこを見失わないことが大事です。

　日本電産のパソコン用モーターは非常にデジタルな製品ですが、技術はデジタルであっても、それをつくり上げる過程には、さまざまなアナログな風土、戦力が密接に関わってきます。両者がうまくすり合わされてこそ優れた会社になり、優れた製品が出来上がるのです。
　近年急成長を遂げた韓国のサムスン電子を見ても、このことは分かるでしょう。
　当初は技術基盤や大きなマーケットを持っていなかったサムスン電子は、徹底的なコピー戦略をとりました。日本から技術者を大量にスカウトし、日本の経営者を高給で雇って、その会社の工場と瓜2つのそっくりな工場をつくらせました。
　しかし、いくら日本を追いかけても日本を超えることはできませんでした。
　そこで執念の経営者・李健熙（イ・ゴンヒ）は、コピー戦略からの決別を決意します。
　飛行機をチャーターして幹部に米国、欧州の家電量販店を回らせ、店頭の最も目につく場所には日本製テレビが置かれ、1番隅には埃をかぶった自社製テレビが置かれている状況を見させます。

そして、翌日には韓国に帰るというその日の晩、フランクフルトのホテルに幹部全員を集め、こう檄を飛ばします。「明日からは女房、子ども以外は全部変えろ!」と。
　これ以降の李健熙の経営は、実はとても永守流の経営と似ています。
　「意識改革」の重要性に気づき、企業集団全体を「徹底とスピード」の集団に大変革していきます。ちょうどその頃、BRICs諸国で中間層の爆発的成長により、それまでのG7先進国マーケットと同じ規模である10億人の巨大マーケットが生まれます。
　日本企業よりもはるかに攻撃的でスピード企業に変身したサムスン電子は、このマーケットの大半を手中にしていったのです。この間たった5年。
　その間、シャープをはじめとする日本の家電各社は、技術が世界を制するというそれまでのアンシャンレジームを信じ、技術特化戦略で対応しました。
　その結果、フルハイビジョンなどの先端技術製品を必要としない新興国マーケットを押さえることができず、量産規模で勝るサムスン電子のコスト競争力に負けて、世界市場から敗退していったわけです。
　製品がどんなにデジタルなものであり、デジタルな技術に支えられていても、人間を扱う以上、経営はアナログだという考えは、忘れてはならない教訓だと思います。

第4章

困難から逃げるな、逃げると解決策も逃げていく

**永守重信
社長からの
ファクス**

困難は解決策を
連れてやってくる

19 枚目

永守社長から私宛に届いた何百通ものファクスの中で、いつまでも忘れていたくないと思う言葉の1つがこれです。

「君な、向こうから困難サンがやって来たとしよう。困難サンが、向こうからトコトコ、君のほうにやって来たと考えてみなさい。君としては『嫌だ嫌だ』という気持ちだろう。困難サンから逃げたいと思うだろう。で、逃げる。横に避ける。そうしたら、困難サンはすーッと脇を通りすぎていくだろ。

その瞬間、通りすぎる困難サンの背中をちょっと見てみたら、君、背中には解決策というリュックを背負っているではないか。だから、困難から逃げるということは、結局、解決策も逃がしちゃうということなんだよ」

これが永守社長から聞いた解説です。

赤字企業を再建するには、とにかく大変な困難を伴います。ゼロどころかマイナスからのスタートなのですから、困難の連続です。

私自身も日曜日も会社に出て、誰もいないガランとした事務所で1日中データを眺めながら、資金繰り対策として、何かヒントになるものはないかと、必死に考えていました。そんなときに届いたファクスの言葉です。

人間、追い込まれたときには、なかなかポジティブな思考には向かいません。事務所に届いたファクスの中のこの

言葉に、じっと目を凝らします。

　すると、私の心の中でもう1人の私が、「困難から逃げてもどうせ解決策がないなら、いっそのこと困難とがっぷり4つになってみろ。もっと自分に自信を持て」と言っているのが聞こえます。

　よし分かった。明日もう1度、幹部を集めてゼロベースで検討会をやってみよう。心に1本、筋が通った気がして、夕闇が迫る事務所を後にすることができました。

「プレッシャーから誰でも逃げたいと思うが、皆も知っているようにプレッシャーが自分を強くする、ということのほうが大事だ」

　これは、ハンマー投げで1995年から日本選手権20連覇、アテネ五輪で金（2004年）、ロンドン五輪で銅（2012年）と、長い選手生命を高いレベルで維持してきた室伏広治選手の言葉です。

　30年近い選手人生の中では、山あり谷あり、多くの困難にも遭遇したでしょうが、常に圧倒的な探究心と向上心で困難に向かい、それを克服してきた「鉄人」の言葉には、ハンマーのようなズシリと心に訴える重みがあります。

　困難から逃げたら、解決策が逃げるだけでなく、自分自身を強くするチャンスも失うことを室伏選手の言葉は教えてくれます。

永守重信
社長からの
ファクス

8月を黒字にせよ

20枚目

最初に私が再建に携わったのは、エアコン用のモーターを主力製品とする会社でした。東芝関連の家電用モーター製造販売会社を日本電産がM&Aして傘下におさめた日本電産芝浦です。

　その再建期間中に、永守社長に言われた言葉の1つが「8月を黒字にせよ」でした。

「1番赤字の大きい8月を黒字にしてみよ。そうしたら他の月も全部黒字になるではないか」

　これが永守社長の指示するところの狙いですが、私にとっては、同社再建の最も高いハードルとなりました。

　なぜなら、エアコン用のモーターは4月から本格生産に入り、6～7月が生産のピーク。8月はあとひと月我慢すれば秋風が吹く季節ですから、エアコン商戦は終わりを告げて、売上はドン底。そのため、8月は毎年判で押したように赤字が確実な月になります。

　だから8月が赤字になるのは当たり前。芝浦の人たちは、この月を黒字にすることなど、考えもしないことでした。

　しかし、「8月を黒字にせよ」という厳命です。そうなると既成概念に囚われず、どんどん新しい知恵を生み出さなければなりません。

　コストダウンの徹底はもちろん、思いつくかぎりの分野に飛び込み営業をかけました。

　コンビニで自動ドアになっていない店があると聞けば、

自動ドア用モーターの商談に出向き、新規にオープンする劇場があるという情報をキャッチすれば、舞台の緞帳の開閉用モーターを売り込む。単発なので件数は少ないものの、大型商品のため比較的利益率が高く、次第に数字が好転していきました。

　こうして8月を黒字化できたときの喜びはひとしおでした。困難に打ち勝った経営者としての達成感を味わうことができたのです。

　さらに、最大の赤字月を黒字化するための開拓を必死に行ったことで、その成果が他の月にも及び、各月の売上高がアップ。全体の黒字幅も大きく広がりました。

「最も赤字が大きい8月を単月で黒字にせよ。そうすれば、その他の月は全部黒字になるぞ」という永守社長の言葉は、まさに炯眼だと改めて敬服したものです。

　それだけではありません。絶対不可能だと思われていたことに挑戦したことで、会社全体に「従来の常識に囚われない発想を」という変化が生まれました。これは、ある意味では数字以上に貴重な成果でした。

「為せば成る。為さねば成らぬ、何事も。成らぬは人の為さぬなりけり」

　これは江戸時代中期、藩存亡の淵にあった米沢藩を藩政改革で立て直した上杉鷹山の言葉として有名です。上杉鷹

山は、ケネディ大統領が就任後の日本人記者団との会見で、最も尊敬する日本人として名を挙げたことでも有名で、ご存じの方も多いと思います。

　この和歌調の言葉は、それまで私は、語呂合わせの歌としてしか考えていませんでした。特に最後のところは、「できないのは、人がやらないからだ」ですから、当たり前のことを歌にしているだけの、つまらない言葉だと思っていたのです。

　しかし、ここに「徹底」という言葉を入れると俄然変わってくることに気づきました。

「できないのは、人が『徹底して』やらないからだ」

　米沢藩上杉家は、関ヶ原の戦いの前は会津藩120万石の大藩でした。それが西軍に味方して敗れたために、徳川家康によってわずか30万石（実高は15万石とも）の米沢に減移封。家臣団5000名はリストラせずに連れて行ったために、藩財政は初めから大赤字。度重なる債務超過で滅亡寸前。幕府に、藩返上を願い出る目前にまでいきました。

　その藩を救ったのは、九州の小藩から婿養子として入った鷹山でした。藩主自らが「一汁一菜、木綿の着物」を貫き、再建に着手します。

　ところが、実績、経験のないよそ者で、かつ若手の藩主に対して大多数の家臣は面従腹背。それでも藩主自ら再建に取り組む真摯な姿に感動して立ち上がったのが、少数の

若手武士でした。

　この藩主＋若手武士団のいわば「火ダネ集団」の改革運動が、やがて全体を動かし、どんな小さな事柄でも全員で「徹底して」やる集団に発展します。

　そして積もり積もった改革で、大借金藩がいまのお金にして600億円の剰余金を生むまでになったという話です。

　この永守流改革を地でいくような藩改革を、おこがましいことながら、当時私はわが身に置き換えて、自分を励ましていました。

　この歌は、「改革は、物事を『徹底』してやれば必ず成就するものだ、できないのは『徹底』してやらないからだ」ということを、困難な改革を通じて身にしみて感じていた鷹山が、その教訓を歌にして家臣団に伝えたのではないかと、私は勝手に解釈しています。

**永守重信
社長からの
ファクス**

君を経営者として採用したのは、逃げないと思ったからだ

21枚目

「永守社長は、なぜ私を採用したのだろう？」
　私は常々、その理由を知りたいと思っていました。既述のとおり、私は55歳のときに日産自動車から日本電産に転職しました。永守社長との1対1の面接で、即日採用が決まったのです。

　ある日、日頃の疑問を解き明かす機会がやってきました。私に課せられていた赤字企業の再建という任務。私の人生の中で初めての経験。それを果たすことができた直後のことです。

　担当した1社目の会社を、永守社長の方針どおり「1年以内に黒字化」できた私は、「なぜ私を採用したのですか」と、直接、永守社長に質問してみました。

　確か京都付近のレストランで食事をし、その帰りの車中のことだったと記憶しています。

　私の質問に対して、永守社長は即答でした。
「君は、逃げないと思ったからだ」
　このとき、永守社長の人物評価の基準が「逃げない」ことにあるのだと、改めて痛感したものです。

　日本電産は、赤字企業の買収・黒字化を戦略の中核として据え、グループ全体の規模拡大・業績拡大を果たしてきた企業です。しかし、赤字企業を再建するということは、並大抵のことではありません。

　通常でも経営ということ自体が困難の連続ですが、再建

となればなおさらです。それまでの延長線上で物事を進めていけばいいというものではなく、常に新しく、大きなエネルギーを必要とします。その困難から逃げてしまったら、再建はけっして成就できません。

　企業再建は、私自身にとっても人生初めての経験でした。それをやり遂げられなかったら、周囲からも「ほら見ろ、あいつはやはり、あの甘々の日産の人間だから……」と言われかねません。

　だから永守社長から再建指令が出されたとき、私には、なおさら受けて立つという気持ちが湧いていたのも事実です。そんな気持ちも伝わっていたのでしょう。

　しかし、実際には１年間で黒字にするというのは大変なことで、悩んでも悩んでも答えが見つからず、正直、逃げたいと思ったことも何度かありました。

　だが、逃げたところで楽ができるわけでもない。社員たちは懸命に働いている。その姿を想像すると、自分が背負っているものの大きさを改めて感じました。

「逃げたらどうなる？　社員はどうなる？　俺は絶対逃げるわけにはいかない、立ち向かうしかないのだ」と、自分自身に言い聞かせたものでした。

　本気でそう思えたとき、経営というものが何なのか、わずかながら自分なりに身をもって感じ取ることができたと思いました。

永守社長は人間のどこを見ているのでしょうか。

その人間が困難をどういう形で解決しようとしているか、それを見ているのです。言い換えれば、その困難をリーダー自身が背負っているかどうかを見ています。

カリスマ経営者の威光を笠に着て、部下に命じて尻を叩いているお神輿経営者なのか、それとも自分自身が再建を背負って率先して動き、時には泥をかぶり、部下をついてこさせているのかを。

わが身を振り返って、1つだけ例を挙げておくと、部品メーカーからの仕入価格の値下げ交渉に関し、こんなことがありました。

私が掲げた価格目標は従来から15％の大幅削減。常識的には、相手はとても呑めない高いレベルです。担当部署が一生懸命あれこれ頑張ったものの、目標には到底及びません。

しかし、会社再建のためには絶対達成しなければならない目標。そこで私は自ら相手企業を訪ねたのです。

トップとしての裁量を武器に必死に交渉した結果、ついに相手の社長さんの了解を得ることができました。

そのとき、相手の社長さんに言われた一言は、いまでも印象に残っています。

「今日、あなたは徒歩で来られましたね」

相手企業の所在地は福井県。片田舎の駅を降りて、私は歩いて行きました。普通なら社有車を出して、部下に運転させて行きたいような遠隔地です。

　しかし私は、社員には「俺1人で行く。車を出せば無駄な経費がかかるし、君たちも一緒についてくるような時間があったら、そのぶん別の会社に行って値下げ交渉をやってくれ」と言い置いて、1人きりで交渉先に向かったのです。

　相手の会社は、門を入ると社屋に到達するまでに、しばらく道があります。その道をトコトコ歩いて玄関に着いた私は、受付のブザーを押しました。

　その様子の一部始終を、相手の社長さんは社長室から眺めていたのでしょう。それが「今日、あなたは徒歩で来られましたね」につながったのです。

　それに続いて、その社長さんは次のように述べられました。

「実は2、3日前には御社のライバル会社の社長さんが、やはり値下げ交渉に来られたんですよ。ただし、黒塗りの運転手付きの車で来られました。そして値下げしてくれと言う。

　私は全然返事をしませんでした。黒塗りの運転手付きの車で来るような余裕のある会社に、なんでウチのような、吹けば飛ぶような中小企業が、値下げ協力しなければならないんですかね。

ところが、今日あなたは１人で、徒歩で来られた。びっくりしました。先ほどからお話を聞いて、あなたの必死な気持ちと姿勢が、よく分かった。だからこちらも協力しようという気持ちになって、OK したのです」
　この社長さんも、永守社長と同じ視点を持ち、相手を判断していたのでしょう。

**永守重信
社長からの
ファクス**

2割の社員の
支持があれば、
改革は成功する

22枚目

私は日本電産に在籍中の7年間に、永守社長から数百通におよぶファクスをもらいましたが、その中でこの「2割の社員の支持が、改革が始まるための条件だ」という言葉は、時に辛酸、時に成功を味わいながら、何度も会社改革を経験した人でなければ引き出せない真実味が込められている言葉だと思っています。

　少し長くなりますが、私のささやかな経験をお話ししましょう。

　少し古い話になりますが、私が日産自動車に在籍していた1985年当時、新たに登場した久米豊社長のもとで、「企業風土改革運動」のプロジェクトリーダーとして4年間取り組んだことは、第2章の「すぐやる、必ずやる、出来るまでやる」の項でお伝えしました。

　そのときにお目にかかったのが、「1／4仮説」という、永守社長の表題の言葉と瓜2つの言葉でした。この「1／4仮説」というのは、組織を変えたかったら、そこに所属する人を1／4変えなさいという仮説です。

　当時の日産の社風、体質は一言で言えば、官僚的、プロダクト・アウト的、自社中心主義的で、トヨタの質実剛健の社風、ホンダの開発企業型で自由闊達、明るい社風と比較すると、古色蒼然たるもので、ようやくグローバル化時代を迎え、外に向かって企業を拡大するうえで、社風・体質の持つ前近代性は大きな障害となっていました。

この企業風土改革のプロジェクトチーム活動は、普段の業務改革運動とは異なって、会社・組織の体質を根底から変えようという異次元の仕事のため、困難の連続でした。
　しかし、体質改革運動は一応の成果を生み、シーマやBe-1という、トヨタも思いつかなかったヒット商品が生まれます。そんな副次的効果もあり、一時、トヨタの心胆を寒からしめたほどでした。

　さて、話をもとに戻して「1／4仮説」という言葉です。組織改革・体質改革は、究極は人の改革、人の心の改革に他なりません。この「1／4仮説」というのは、組織を変えたかったら、そこに所属する人を1／4変えなさいという仮説です。
　人間そのものを人事異動で取り替えてもいいし、取り替えずに、そこにいる1／4の人たちの価値観を変えてもいい。とにかく1／4変えなければ、組織に変化は起こらないという説です。
　たとえば、100人の組織があったとすると、その価値観、風土を変えるには、まず25人の人たちを変革させることが出発点になるということです。
　25人もの人を人事異動で取り替える場合は、新しく編入させる25人は望ましい価値観を持っていなければ意味がありませんから、人事異動で価値観変革を狙うのは非常に

難しいことになります。

　したがって、現在いる100人にリーダーが訴えて、まず25人の価値観を変えさせるほうが現実的になります。

　組織にはいろいろな人がいます。問題意識が高く、リーダーの改革に積極的に呼応する火ダネ社員、大勢が変わればそちらに引っ張られるが、普段は動かない様子見社員、改革を常に冷ややかな目で見ているシラケ社員ないし抵抗勢力。

　この中で火ダネ社員は常に少数で、1割もいればいいほうでしょうか。現実はもっと少なく5％ぐらいかもしれません。

　改革の情熱に燃えるリーダーは、この混成社員集団に働きかけて、まず火ダネ社員をもっと燃えさせます。すると、火ダネ社員は積極的改革勢力となって周りに働きかけてくれるのです。

　次にリーダーは、この火ダネ社員と一緒に様子見社員に働きかけて、この動かなかった様子見社員を半燃焼状態からやがて燃焼状態に持っていきます。こうしてようやく2割のリーダーに対する支持勢力、火ダネ勢力を確保した瞬間から改革は動き出します。いままでとは嘘のように組織がスルスルと前向きに前進し出すのです。

　集団が動き始めたら、しめたもの。リーダーは改革の手を緩めず、加点主義の人事制度、内部競争を促すさまざまな仕組み、仕掛けなどを投入して回転の速度を上げさせる

ことができます。

　改革はリーダー1人ではできません。リーダーが自分のもとに改革派の火ダネ社員勢力を組織化し、その勢力と一緒になって、いままで動かなかったマスの組織を動かしにかかり、不燃状態だった組織を可燃状態に、そして最終的には燃焼状態にする。これが改革の成功方程式だと思います。

　「改革を成功させるためには2割の社員の支持を集めよ」という冒頭の永守社長の言葉は、何年にもわたって、企業を再生してきた実践経営者だからこそ見抜けた言葉だと、私は前職での経験があるだけに深く実感した次第です。

第5章
営業を機関車にせよ

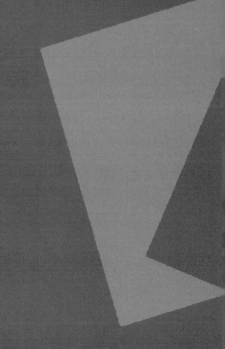

**永守重信
社長からの
ファクス**

訪問件数を月100件にせよ

23枚目

日本電産がM&Aした会社を再建する場合、代官役は事前に社長室に呼ばれ、明日から任地に赴くこと、1年以内に赤字を黒字化することが永守社長から言い渡され、再建のポイントが30項目ほど並んだA3用紙1枚の「経営の指針」が手渡されることは、前に述べたとおりです。

企業を黒字化するのは、売上を上げて、コストを下げることですから、その2つのうちの重要項目である売上については、さぞかしいくつもの指示事項が列挙されているものと思いました。

しかし、そこにはたった1行、「訪問件数を1人あたり月100件にすること」としか書いてありません。「えっ、何だこれは」と面食らいました。

日産時代の左脳が肥大化した私にとっては、売上増大は「マーケティング戦略」や「製品・市場戦略」などこそが本筋ではないかと思っていましたから、「訪問件数月100件」を達成すれば売上が上がるなど、名にし負うカリスマ経営者の方針とはいえ、とても信じられないことでした。

しかし、最高経営者直々の指示ですから、ひたすらやるしかありません。「徹底とスピード」が、意識改革の二大課題ですから、それこそ全営業を挙げて徹底的に取り組みました。

それまでの日本電産芝浦の営業マン1人あたりの訪問件数は、月20～30件。営業稼働日が月20日ですから、1日

平均1件から1.5件ということになります。

　全社挙げての運動の甲斐あって、半年ほどで全営業マンの平均訪問件数が目標どおり月100件になりました。すると、どうでしょう。本当に売上が2倍近くに上がっていくではありませんか！
「何ということだ、これはっ！」
　生半可で上滑りの営業戦術・戦略論を超えた、物事の裏の裏まで透徹した土性骨のある真の本質対策とはこういうことなのか！
　そのことに初めて気づき、私は自分の浅はかさを心から恥じ入った次第です。

　それでは、ここで「訪問件数を上げれば、売上が上がる」ことが精神論ではなく、営業の本質論であることを読者の皆さんに絵解きしてご説明しましょう。
　私もその後、永守社長が言われる訪問件数増加→売上増加を論理的に証明したいと思い、いろいろ試行錯誤し、次の方程式を考え出しましたので、それを使って説明します。私が「営業活動方程式（略して営活方程式）」と呼んでいるものです。図6をご覧のように、この方程式の右辺は3つの項から成っています。
　右辺はすべて掛け算ですから、掛けていくと、それぞれの項の分母・分子の訪問件数や受注件数が消去されて、最

図6／営業活動（営活）方程式

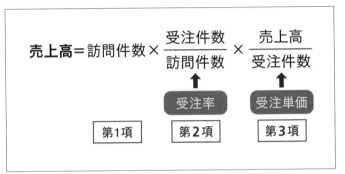

終的には売上高＝売上高となるだけです。そのプロセスを見るために、このように分解した式にしています。

まず右辺の第2項は、1人の営業マンの月間の受注件数を、月間トータルの訪問件数で割ったものですから、「受注率」を表していることがお分かりいただけると思います。野球で言えば、打席に立った数に対してヒットを打った数ですから、打率に相当します。

同様に第3項は、その営業マンの月間の売上高を受注件数で割ったものですから、受注1件あたりの売上高、つまり「受注単価」を表します。したがって、この方程式は次のように書き換えることができます。

売上高＝ 訪問件数 × 受注率 × 受注単価

いま、左辺の売上高を上げたいわけですから、そのためには右辺の3つの項を全部上げればよいわけです。

売上高⬆＝訪問件数⬆×受注率⬆×受注単価⬆

さて、ここで第3項の受注単価です。自社の製品が抜群の商品力を持っている場合を除いて、売り手市場ではない現代では受注単価を上げることはそう簡単ではありません。

したがって、これにエネルギーを割くよりは、他の2項を徹底して攻めたほうが効率的であることはお分かりいただけるはずです。

つまり、「訪問件数」と「受注率」を上げれば売上高が上がることが、この方程式から証明されたのです。

「訪問件数」と「受注率」を2つとも上げられれば言うことはありませんが、「受注率」を落とさずに現状維持して「訪問件数」だけを上げても売上高は上がります。それもまた、この方程式からお分かりになるでしょう。

**永守重信
社長からの
ファクス**

営業が動いている間は、工場・開発は帰るな

24枚目

これも、私が日本電産芝浦を再建しているときに永守社長から言われた言葉です。

　永守流経営の最大のポイントは「スピード」。そのスピードに関する、具体的な事例の1つと言っていいでしょう。

　営業マンは、時には夜遅くまで顧客回りを重ね、新規契約獲得に精を出します。その結果、なんとか相手から受注のチャンスをもらえたとしましょう。

　その営業マンは、やっともらえた引合に勇躍して、その日の遅く事務所に戻ります。しかし、その時間帯にはもう設計も工場も誰も残っていません。

　こうなると見積もりのスタートは当然、翌朝以降となります。しかも、通常の場合は、工場も開発も「その案件にだけ関わってはいられない」と、暇を見つけては少しずつ取り組むことになりがち。だから見積もりを出すのに1週間も2週間もかかってしまいます。

　これが再建前の「芝浦」の姿でした。ところが、永守指令を徹底して実行しつつある「再建芝浦」はここからが違ってきます。

　営業マンが、夜、会社に連絡すれば、設計や工場は必ず残っていて、営業と一体で動く体制ができている。したがって、工場・開発はその夜のうちに見積もり作業をスタートさせます。

　そして営業マンは、翌日の午後には見積書を持って顧客

を再訪。これには相手がびっくりします。

　お試し見積もりで要求したかもしれないお客様側も、「せっかくだから、ではひとつ検討してみるか」となるでしょう。

　こうして交渉が進展し、さらには日本電産の製品を前提に、顧客側が計画している新製品の設計・スペックの改良等が行われていけば、他のライバル企業が入り込む余地は失われていきます。スピードと徹底の勝利です。

「工場・開発は帰るな」と言っても、もちろん、工場で実際に製造にあたる作業者は所定の仕事が終われば退社です。残るのは工場・開発の上層部の人間です。

　営業を機関車にする、全社を営業支援型にする、全社を営業と同期化させる。こういう言葉が日本電産内では飛び交っていますが、すべて同じ原則、つまり「売上がなければ何にもならない。売上こそ活力の源」から発している言葉なのです。

　世の中には「製販一体」という言葉が日常語のように氾濫していますが、日本電産グループの「製販一体」はここまで徹底するのです。

**永守重信
社長からの
ファクス**

市場価格は神の声

25枚目

「営業を機関車にせよ」「訪問件数は月100件」「見積もりは24時間以内」「営業が動いている間は工場・開発は帰るな」……、毎日のように次々とファクス指令が飛んできます。

 それに対して、再建現場にいる私が、すぐさま状況を日本電産本体の永守社長に報告する。この繰り返しで、再建スピードが日を追うごとに上がっていきます。

「市場価格は神の声」……。この言葉がある日ファクスで流れてきたときには、思わず襟を正す思いでした。

 これこそ永守流経営の神髄。日本電産が他の企業と異なる、最大の特長だと思いました。世間一般の会社とは、発想が逆なのです。

 市場価格を参考値として見るか、神の声として聞くかによって経営はまったく違ってきます。それまでの日本電産芝浦は多くの会社と同じく、参考値でした。あくまでも値決めは、自社でかかったコストを基準にして、それに対して利益が取れるかどうかで決めるのです。

 利益が取れなければそういう引合は受けない。経営者が営業に求めるのは、そういう利益の取れる案件を取ってくるべきだ、です。それができないのは、営業の努力が足りないからだという考えが根底にあります。

 つまり、自社から世の中を見るか、世の中から自社を見るかの問題です。

日本電産の見方は後者です。世の中にそういう価格（市場価格）が存在する以上、それを自社のものにして、その価格でも利益が出る経営をすべきだ、となります。
　価格は市場にあるもの。コストは自社の都合で出来上がっているもの。この自社の都合を変えろというのが日本電産流、永守流の基本的な考え方です。
　そうすると、どういうことをするか。それこそ、市場価格に合わせるために徹底的な努力を開発部門も工場も行います。
　よく言われる話に「10％コストを下げろ、よりも50％下げろ、のほうが取り組みやすい」というのがあります。10％だったら現状の前提条件の範囲内でしか対策は取れないが、50％だったら前提条件を全部ひっくり返して１から考え直せるので、かえって実現性が高くなるというわけです。
　日本電産でもそういうアプローチを行います。さらには、単にコストを下げるだけで終わったのではもったいない。機能をあげて他社ができないようなヒット商品にし、たくさん売れるようにしよう、というふうに発想を膨らませます。そうすれば面積で利益は増えるということで、製品の差別化も行います。
　世の中には難しいことが確かにありますが、たいていは逆立ちすればなんとかできるものが大半ではないか。これが、私が日本電産で見聞きし、私自身も経験したことから

導き出した教訓です。

　日本電産が買収した会社の、買収前と買収後の経営数値を調べてみると、買収後グループ入りした会社は、いずれも売上原価率が10%以上下がっているのが分かります。

　また、買収前は鳴かず飛ばずだった会社が、グループ入りから数年でヒット製品を生み出し、マーケット・シェアを上げていることが多く見られます。

　ここ数年でみますと、世界一の製品は日本電産グループから18出ていますが、そのうち日本電産本体から8、グループ会社6社から10の世界一が生まれています。

**永守重信
社長からの
ファクス**

トップ企業を
お客様にせよ

26枚目

私が再建を担当した日本電産芝浦の主事業は、エアコン用モーターの製造販売でした。

当時、エアコンメーカーのトップ企業はダイキン。芝浦は、ダイキンにはごくわずかにモーターを納めていましたが、とてもトップ企業を押さえているというような状況ではありませんでした。

顧客企業が同種部品のうち、どれぐらいの割合で自社製品を買ってくれているかを「インストア・シェア」や「顧客内シェア」という言葉で表しますが、当時の芝浦は、ダイキンにおける顧客内シェアは、とても低い状態でした。

これがライバル企業を上回って、トップシェアを取るとどうなるか?

「え、おたくはダイキンに納入しているの?」となり、2位、3位メーカーがこちらを見る目が、まったく違ってきます。有り体に言えば、芝浦の格付けが格段に上がるのです。

当時の芝浦は同業8社のうち、ビリから2番目、ゴルフで言えばブービーでしたから、エアコンメーカーがわれわれを見る目は弱小下位メーカーです。

それがトップ企業のナンバー1ベンダーになったとなると、ダイキン以外のメーカーでも、急遽「採用検討対象企業」に位置づけされるようになります。

では、どうすればそうなれるのでしょう。

最終的には、ライバル以上にQCD、つまり品質・コスト・

納期を上回らなければ、トップベンダーの位置は取れませんが、その前に私は、
「とにかく、お客様のところを小まめに訪問しろ。ライバルが足元にも及ばないぐらいに」
と、営業部門を督励します。それによって顧客企業からトップになるための情報を得るのです。
「情報」は「情の報（なさけしらせ）」とも「情の報（なさけむくい）」とも書きます。営業マンが通い詰めていると、相手の担当者が、普段手に入れられないような情報を徐々に漏らしてくれるようになるのです。
「この間は、おたくのライバル企業が品質不良を起こして、ウチのラインが１日止まった」とか、「あの会社は、価格は安いが納期がネック。しょっちゅう納入トラブルを起こしている」、さらには「トップベンダーになるためには、どれぐらいの価格水準が必要か？」などです。
こうして、トップベンダーになるための「前段取り作業」を行い、入念なトップベンダー獲得作戦を練り、QCDをダントツにして、トップの座を手に入れていくのです。

「市場価格は神の声」として、どのライバルも諦めるような価格に挑戦したり、ブービーがトップベンダーを目指したり、なぜ日本電産およびそのグループ企業は、企業再建と言いながら、このような難題に挑むのか？

当面は損益をバランスさせるぐらいの"帳尻合わせ"式の再建でいいのではないか？

それを超えて、なぜ高みを狙うのか？

これが、ここまで読み進んでこられた読者の皆さんの疑問点ではないでしょうか。それに対する答えはただ1つ、「1番以外は、皆ビリや」のグループ・スピリットです。その精神で企業経営のあり方を考えているからです。

かつての高度経済成長時代には、全体のパイが毎年10%近く膨らんでいきましたから、別に1番でなくとも、そこそこの成長に与ることができました。

また、新しい事業領域が成長に伴って次々と生まれましたから、その領域を見つけた企業は、数年間は後発参入のないまま、ブルー・オーシャンで成長をエンジョイすることができました。

しかし、現代は様相をまったく異にした時代です。

日本企業のライバルが欧米だけだった時代から、中国、韓国、台湾が競争に加わり、彼らは日本企業をはるかに上回る、超スピードの1点突破集中経営で、日本企業のお株を奪い、日本企業がダントツに強かった時代は終わりを告げようとしています。

グローバル市場では、日本企業の周りはそこら中がレッド・オーシャンだらけの時代になりました。また国内に目を転じると、これから人口が急速に減少していく時代で、小

さくなっていくパイの奪い合いの、これまたレッド・オーシャン化が進みます。

日本電産は、私が第二の人生を託して入社した1998年には、売上高が1300億円前後。売上の8〜9割はパソコンのハードディスク用のモーターでした。

しかし、2015年度では、売上高が1兆1800億円になり、コア事業の割合が4割を切って、創業以来のこの40年間にM&Aで加わった50数社の家電・産業用、車載用モーターなどの事業領域の割合が過半を占めようとする時代になりました。

日本電産は、いまでこそ世界一を掲げることが少なくなった日本企業の中で、あくまでも「世界一」を標榜する企業です。世界一を実現するためには、本体の日本電産以外のグループ会社が、少なくとも本体に引けを取らない強靭な企業カルチャーを持つ企業群にしておく必要があるわけです。

買収した企業が、買収前のスローテンポで低パフォーマンスの弱い企業のままで、グループを運営するわけにはいきません。どうせ再建するからには、ピカピカの会社に生まれ変わらせ、国内や海外でレッド・オーシャンを戦い抜ける企業にしようとするのです。

**永守重信
社長からの
ファクス**

営業が機関車になって
引っ張り、工場・開発は
営業を支援する。
そういう会社づくりを
やれ

27枚目

➜の永守流表現を私流に言い換えると、「営業が1軍」ということです。

　プロ野球チームの場合、「1軍」「2軍」という言い方がありますが、企業では営業こそ1軍であるべきだということです。

　製造業をはじめ日本の企業の多くで、開発・製造が主役で営業は2軍だ、という感覚が強いのは否めません。人数的にも大きなマスである両部門が、発言力が強くなる、それも影響しているのかもしれません。

　開発・製造部門は「俺たちがつくったものを、営業は売ってくればいいんだ」という感覚。社内的な位置づけでも社員の心理的な側面でも、「モノをつくるほうが、売るより上」「上流のほうが下流より上」という空気です。

　製造が1軍で、営業が2軍。しかし、外の世界と最も接しているのは営業です。顧客の生の声を聞き、市場の需要や不満と直に接しているのは営業部門です。

　その営業が2軍ですと、製造部門が市場に送り出した商品が、たとえコスト高で高額すぎて、市場のニーズとズレていたとしても、「あとは営業の腕次第だ、営業が苦労して売ればいいんだ」という考えに陥りがちです。

　営業側が「『この性能ではダメ。この価格では買えない』というのが市場の声だ」と伝えても、製造側は「そんなはずはない。製品に問題はない。売ろうとしない営業のほう

が問題なのだ」となりがちなのです。

　製造が主役の、いわゆるプロダクトアウトな企業文化です。私が在籍していた時代の日産自動車は、そういう傾向が強い会社でした。

　一方、それとは逆で、営業の声を尊重するのがマーケットイン型の企業文化。外の世界、顧客と最も接している営業の存在を重視する考え方です。

　営業が伝えた顧客の声を製造が受け入れて製品改良する。この回路が十分に機能している企業なら、それは営業が1軍だということです。

　営業が単に製造に従って後ろをついていくのではなく、逆に、機関車として生産を引っ張る。そのような企業であれというのが、永守社長の「営業を機関車にせよ」で、これは既に触れた「市場価格は神の声」に通ずる考え方です。

「顧客志向の会社にする」

　これは多くの会社が掲げている理念です。では、どのようにして顧客志向を目指すのか、抽象的でさっぱり分からない会社が多いのも事実です。分からないままスローガンだけが踊っているという場合が多いと思います。

　それよりも、表現は悪いかもしれませんが「営業は1軍」と言ったほうがすっきりするのではないでしょうか。

　営業を1軍にする文化、それは経営者が意識してやらな

ければなかなか実現はできません。営業を組織の前面に押し出して、生産を後方支援部署として、徹底的に営業を支援する組織に切り替える。

　日本電産では当時、開発、工場の組織名まで〇〇開発支援部や〇〇生産支援部としていました。何を支援するかというと、営業を支援するという意味です。

　こうなると、会社の全部門が顧客のほうを向くように意識が変わり、顧客志向の文化が生まれます。

　だから永守社長は、買収会社がプロダクトアウトの会社にならないように、経営の要諦として、「営業を機関車に」ということを、何度も繰り返し、私にファクスで送ってきたのだと思います。

第6章
ダントツのコストダウン

**永守重信
社長からの
ファクス**

経費削減最終目標：
売上高1億円あたり
500万円以下

28枚目

赤字企業の再建というのは、私の人生55年にして初めて体験したことでした。

　当時の日本電産芝浦の売上は年間140億円。それに対して営業損益は赤字の40億円。月3億円強の赤字です。「ああ、今日も1000万円のお金がこの空のどこかに飛んでいくのか」と、焦りにも似た気持ちで、会社の門をくぐったものでした。

　昨日も1000万円、今日も1000万円。放っておくと、あっという間にとんでもない金額に膨らみます。

　自分の席に座ると、机の上に経済紙が1紙、業界紙が2紙置いてあります。周りの役員席を見ると、同じように新聞が置かれています。

　朝、役員が席に着くと新聞を小1時間読んでそれから仕事。ずっと続いてきた、赤字会社でも変わらぬ、当たり前となった朝の風景だったのでしょう。

　しかし、外部から再建に来た人間としてはおかしいと感じます。自分が読む新聞を会社に買わせるとは何事か、ということです。

　調べると、新聞代は全社で月10万円。赤字額に対しては3000分の1と少額ですが、「一事を見れば万事が推し量れる」の言葉どおり、掘り出せば大量のムダがいっぱい出てくると思われる会社内の空気を感じました。

　こうして私の着任早々の最初の仕事は、日本電産の再建

手順の最初にあるとおり、経費の大幅削減となりました。ここで経費というのは、人件費、材料外注費などを除く事務用品費、水道光熱費、運送物流費、飲食交際費などで、削減不能の減価償却費、租税公課などは除きます。

再建にあたって永守社長から指示された目標が、この項の冒頭の数値です。この最終目標はどの再建でも同じですので、日本電産の共通指標と言ってもよいと思います。

これはやってみると分かりますが、相当ハードな目標です。少し格好いい言葉を使うと、「聖域なき改革」を徹底しなければ到達できません。

たとえば、官庁や準官庁所管の団体への協賛金、寄付金などは、地方の名門企業となると、これが年間数千万円にもなるものだと初めて分かりました。これを黒字になったら再開することを約束して、辞退させていただきました。

また、夏には市の花火大会に1発数十万円もする尺玉を何発も寄付していました。これも1年後に再開する条件で辞退しました。

こうしたスポット的な経費の削減だけではなく、恒常的な経費の削減こそ徹底的なメスを入れねばなりません。

工場で毎月1番経費がかかるのは、電気代でした。電気の使用量を計測する受電盤は工場の入り口に1つしかありませんでしたので、これをラインごとに設置するようにし、ライン長が計測できるようにしました。しかもこれを1週

間ごとに予算を組んで、1週間ごとに実績を管理してもらうのです。こういうことをすれば、月間の電気代が見る見る下がっていくのが分かりました。

　また、人件費的な経費で、退治するのが非常に難しいのが残業代ですが、これも「残業キップ」と称するキップ状の紙片を、各ライン長に半年分、前もって手渡しておきます。1枚のキップで1時間分です。一種の計画残業の見える化（キップ化）です。そして、残業申請ごとにそのキップを添付して申請してもらいます。

　そうするとどうなるか。ライン長は常に残枚数を管理するようになります。事実上、残業を「管理」するようになるのです。

　このようにして、最初は到達不可能だと思っていた経費が削減されました。月間削減総額は、月間の赤字額の約半分にもなったのです。

　経費削減は、どの会社でも経営危機になると必ず取り上げる定番メニューでしょう。

　しかし、結末は大体尻すぼみの自然消滅になっている場合が多いと思います。目標値がこのような超ハードなものでなかったとしてもです。

　日本電産の再建の場合は、どの会社もほぼこの目標を1年以内に達成します。その理由はたった1つしかありませ

ん。経営者が先頭に立って徹底してやるからです。

　大企業やちょっと規模の大きい中小企業の場合は、経費削減運動は総務担当役員か総務部長が取り仕切るのが通例でしょう。社長自らお出ましになることは、あまりないはずです。

　しかし、日本電産のグループ会社の場合は、これは社長の仕事です。なぜならこれが経営に1番影響を与えるマターだからです。経営者は経営に最も大事な事柄を選び、重要なものから自ら泥をかぶってやる。しかも低パフォーマンスで満足しない。これが鉄則です。

　上が徹底して取り組むと、社員も真剣になる。真剣になれば効果が出て、小さな成功体験を社員全員が手にできる。すると、それが次のチャレンジにつながる。

　これが、私が再建を通じて永守社長から学んだ教訓です。だから、日本電産グループで1番忙しいのは、実は経営者なのです。

**永守重信
社長からの
ファクス**

購買コストは
5段階ネゴ交渉方式で
下げよ

29枚目

経費削減に手をつけながら、次に取りかかる大物のコストダウンは、購買コストです。

　購買コストとは、会社が外部から購入する材料費、外注費を指します。これを日本電産では一括りに「材外費」と呼んでいます。

　この削減目標（材外費比率）も非常に高いレベルで、目標値は「売価の50％以下」でした。この目標値は芝浦が属する電機業界を念頭に置いてのものです。業界によっては、この比率は50％以下が通常というところもあります。たとえば、樹脂成形業界は通常40％以下だと思われます。

　与えられた目標が売価基準ですから、仮に現時点の材外費比率が70％だとすると、これを65％に下げるだけで、営業利益率が5％上昇します。60％にすると営業利益率が10％も改善される。あまたあるコスト削減項目の中でも、最高の部類に属する項目です。当時の芝浦は、営業利益率が▲20％という惨憺たるものでしたから、再建経営者としては、当然、これにものすごいドライブをかけます。

　まず私が行ったことは、購買部門の部長以下全員を"しつこい"メンバーに変えました。日本電産の三大精神の1つ、「情熱・熱意・執念」の「執念」のある購買にすることを考えたわけです。

　それまでの購買は、どちらかというと、発注伝票を発行する部署という感じでした。当然、1軍意識はありません。

それを1軍意識、プロ意識の高い攻撃的購買に衣替えしたわけです。そしてその購買と私がチームを組んで、それこそ毎日、朝から晩まで全国に散らばる材料メーカー、部品メーカーを訪ね回り、値下げ交渉の行脚を繰り返しました。

少しずつ成果が出始めた頃、永守社長から届いたファクスに「5段階ネゴ交渉方式」の記述がありました。どういう意味かというと、「材外費の値下げ交渉は5段階でやれ」ということです。

まず、第1段階は担当者が行う。次は購買課長、次は購買部長、次は購買担当役員、そして最後の5段階目が再建担当経営者の私というステップで行え、ということです。

それまでは、私と購買チームが手分けして全国を飛び回るという、行き当たりばったりなやり方でしたが、このシステマティックなやり方のおかげで、ずいぶん成果の出るスピードが上がりました。

この値下げ交渉で私たちが気をつけたのは、値下げに協力してくれた材料、部品メーカーには、翌期の発注は値下げ率より多く発注することでした。

たとえば、10％下げてくれたら15％増量で発注するということです。われわれは部品単価引き下げをエンジョイし、材料、部品メーカーには、面積で売上増加をエンジョイしてもらうわけです。

こうするためには、われわれサイドが営業強化して売上

を増加させねば成立しません。それもしないで、値下げだけ要求しても、関係は長続きしないものです。営業強化＝売上増は、芝浦再建のもう1つの重要な要素ですから、われわれはこの実現にも万難を排して取り組みました。

こうした両面の再建、つまり、「どうせコストダウンをするのなら、売上増も一緒に行い、倍儲ける会社にする」という再建こそ、あるべき再建だと思います。

そしてそれを実行したからこそ、業界ブービーとしてわれわれを見ていた材料、部品メーカーの目も変わり、われわれを新たな業界トップメーカーとして認識し、強い協力関係が生まれたのだと思います。

芝浦再建の後日談に触れておきます。

再建のスタート時点では、同業の家電用モーターメーカーは、8社ありました。折しも再建が始まった2000年前後から、ローテク分野を中心に中国製品の破壊的価格攻勢に日本メーカーが晒され、家電用モーターも価格下落が年率20％で進むという恐ろしい時代に突入しました。

そうした暴風雨のような中で、芝浦はマーケット・シェアを拡大し、一方で経費削減、購買コスト削減を行いました。3年後、8社あった同業は6社が脱落して2社のみとなり、ブービーだった会社がトップになって戦いは終了しました。

日本経済はなかなかデフレから脱却できない状況が続いています。ここで、デフレ期において経営上留意しなければならないことを2つ述べておきたいと思います。いずれも、売上と購入品コストとの関係についてのものです。

　これは私が、日本電産グループで、再建という作業を永守社長の指導を受けながら行ってきた過程で、私なりに永守社長から学んだ教訓です。

（1）デフレで市場単価が仮に10％下がったら、10％余計に数量を売って、総売上高は維持する経営をやらなければならない。したがって、単価が継続的に下落する市場環境では、経営目標は「売上高」以外に「売上数量」を別に設定しておいたほうがよい（図7参照）。

● 2000年前後から中国が工業国家として登場し、ローテク製品を中心に市場価格（単価）が中国価格に収斂される時代が続きました。芝浦の高性能モーターも単価が年率20％も下落し、3年で半分になりました。

● 芝浦は20％単価が下がったら20％余計に売るという数量増経営を行い、総売上高を維持するとともに、マーケット・シェアも拡大しました。

● もし意識して数量増経営を行わず、マーケット・シェアを広げなければ、3年後には総売上高は半分になり、経営は破綻していたでしょう。

図7／市場単価下落には数量増の販売で対抗する

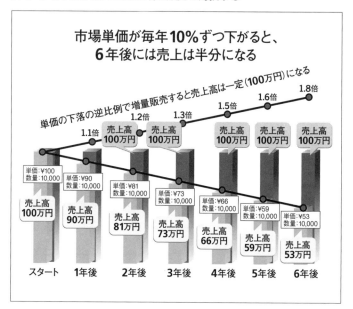

（2）上記とは別に、市場単価が仮に10％下がったら、製品1個あたりの購入品原価を市場単価下落率より下げなければ、やがて製品1個あたりの利益は逆ザヤになり、経営が維持できなくなる（図8参照）。

● この（2）は、（1）とはまったく異なる事柄です。
● もし、購入品原価を市場単価より下げず、市場単価下落が進行して、1個あたり利益が逆ザヤになったら、（1）の数量増経営を進めれば進めるほど、会社の総損益は悪化を続けます。

●ただし、製品1個あたりの製造原価を市場単価より下げればこのかぎりではありません。こういう経営こそデフレ期を乗り切る経営と言えるでしょう。

図8／市場単価下落には購入品原価引き下げで対抗する

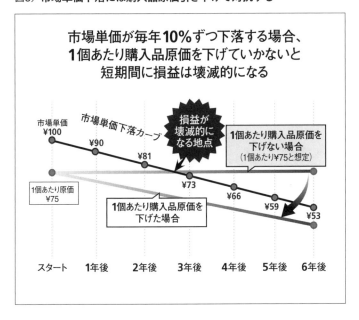

**永守重信
社長からの
ファクス**

間接部門は
多能工化して、
コストの壁を破れ

30枚目

日本電産芝浦の再建は徐々に進み、当初毎日1000万円の赤字計上が数百万円レベルまで圧縮していきました。材料費や外注費、残業代などの変動費が少しずつですが、着実に下がっていった効果です。

しかし、そこからがまったく進まなくなりました。固定費の壁です。

固定費の中でかなりの部分を占めているのが、本社や工場のスタッフの人件費です。しかし、人員解雇をしないのが日本電産の再建の基本ですから、買収前の規模の間接人件費がそのまま重くのしかかった状態です。どうすればいいのか、妙案がまったく浮かびませんでした。

そんな折、私はたまたま日本電産のあるグループ会社を訪問する機会がありました。グループ内で経営手法に優れた会社があると聞けば、そこを訪問し、その手法を教えてもらうためです。

当時、主要なグループ会社は30数社あり、各社は買収後の再建に成功して優良会社の道を歩んでいましたから、そうした先輩企業の手法の中で、少しでも応用できそうなものはないかと、ハングリーな経営者である私は、たびたびグループ会社の門を叩いていたわけです。

最寄り駅に着くと、その会社の総務課長さんがマイクロバスで出迎えてくれました。私1人の訪問ではなく、私の会社の部課長にも見てもらい、自分たちのマネジメントに

役立ててもらうために、数人の管理職を連れて訪れたのです。

建物に入ってまず感じたのは、「小さな本社だな」ということです。本社の人員が本当に少ないのです。そして建物の1階は、訪ねてきたお客様のために、会社の主要製品のショールームになっています。「ああ、これは永守社長の指示を守っているなあ」ということが分かります。

「本社の一等地の場所を、付加価値を生まないスタッフが占めるような会社は、早晩ダメになる」

これが永守社長の口ぐせでした。

早速、私たち一行のために各部課長によるプレゼンテーションが始まりました。IS部門の説明に立ったのは、先ほど私たちを出迎えてくれた総務課長さんではありませんか。

私は、「あれっ！　先ほどの総務課長さんですよねえ？」と質問。件の課長さんの答え。

「そうです。1人2役です。この間までは、総務課長・品管課長・IS課長兼務の3役でした。最近品質が悪いので、それは他の人間に譲って2役になりました」

「えっ！　そんなことできるのですか？」との私の質問に、

「できますよ。担当者だったらそれはできませんが、管理職の場合は判断業務が主体ですから、1日中同じ業務をフルタイムでやることはないんです。だからマックス1人3役は可能です」

間接部門を多能工化しているわけです。小さな本社の理由がこれでようやく分かりました。考えてみれば、会社の中で最も多能工をやっているのは、1人何十役もこなしている社長ではないでしょうか。だから課長クラスでも、多能工化をやれない理由はないわけです。

　プレゼンが終わって、次は工場案内。工場に併設してある技術部署ではライトが点滅しています。しかし部屋は空。現場でライントラブルが発生して、技術員が現場にすっ飛んで行ったからです。

　また、購買や生産管理部署は立って仕事をしています。聞くと、両部署ともラインの支援部署なので、部品補給に支障があったら、すぐ近隣の部品メーカーへ対策に飛び回れるように椅子は取り払ったとのこと。

　極め付きはこの会社の廊下でした。歩いていると、廊下の壁に等間隔に埋め込まれた豆電球が、クリスマスツリーの豆球のように、進行方向に向かって連続点灯しています。一定のスピードで連続点灯するように予めセットしてあるそうです。

　横を歩くと、豆球の点灯が私の歩行スピードを追い越していくので、私も自然に歩くスピードを豆球に合わせようとします。工場長の説明によると、ダラダラ、グズグズの風土を改善したいために工夫した装置だとのこと。このような遊び心が、「徹底の風土づくり」に役立つのでしょう。

**永守重信
社長からの
ファクス**

損益は1週間ごと 管理で未達を 根絶せよ

31枚目

再建作業を始めて2〜3カ月経った頃でしょうか。永守社長からのファクスに、「ウィークリー・リスク会議の実施」という項目が入っていました。耳慣れない言葉です。本社に問い合わせてみて中身が分かりました。

いままでは月間計画の実績フォローは月1回、月末か翌月初めに行っていました。これを、「1週間ごとのフォローに切り替えよ」という指令です。

そのためにやらなければならないことは、主要な予算項目を1週間ごとの予算に分解する必要があります。売上や製造原価や利益といった大項目だけでなく、それを構成する主要な費目、たとえば人件費、残業代、材料・外注費、電気代、物流費などです。

そしてこれらについて、1週間ごとに予算と実績のフォロー（略して予実フォロー）を行うこと。これが指示の具体的な内容でした。

これは、実際にやってみて、大変効果があることが分かりました。

いままでの予実フォローは、先ほど述べたように、月末近くか翌月初めの月1回。月末近くに行う場合は、ほぼその月が終わりかけた時点でのフォローですから、未達でも手の打ちようはほとんど残されていません。翌月初めのフォローに至っては、既に終了した段階でのフォローです。

これはフォローというよりは報告です。

その月1回のフォロー会議で、いくつかの項目で予算未達が判明したとします。当然、上司はその原因を尋ねるでしょう。部下は原因を説明しますが、どうしてもその内容は自責よりも他責にウェイトが置かれた説明になります。そして上司は、「来月（今月）はどうするんだ」と聞きます。部下は「はい、頑張ります」と答える。

この流れを毎月繰り返しているのです。こうしてフォロー会議の儀式化と「ガンバリズム経営」が横行する素地が出来上がります。

この予実フォローを1週間ごと、月4回行うとどうなるでしょうか。まず第1週目の予実フォロー会議でいくつかの費目で未達が出たとします。担当部署は、「月末着地見込みで100％達成（挽回）します」と報告します。

次に第2週。やはりその費目はまだ未達で、前週よりも累積で未達の幅が増えています。それでは、月末着地見込みはどうなるのでしょうか？　もうここでは、担当部署は「100％達成します」というような"いい加減な"説明はできなくなります。

こうして、管理のメッシュが月1回から4回に増えただけで、月次予算に対する組織としての追尾能力が格段に向上するのです。

特に営業部門は、月初めの1〜2週間は前月の受注処理や納品業務に追われて、どうしても営業活動は月末ダッシュ型になりがちですから、計画未達が発生しやすい要素を持っています。
　1週間ごと管理を生産部門（原価部門）だけでなく、営業部門でも行うことによって、宿病のようであった慢性未達病から脱却できる可能性が非常に増えてくるのです。

　日本電産は決算（予測）発表での下方修正をしない会社として、証券市場や機関投資家の間でつとに有名です。過去に下方修正を行った例というと、リーマンショック時ぐらいでしょうか。
　だからこそ、「日本電産株を買っておくと裏切られない」ということで、世界中の機関投資家の信頼が非常に高くなり、高株価が維持できているのです。
　その秘密は、この「1週間ごと管理（社内では、前述したように『ウィークリー・リスク会議』と呼ぶ）」にあるのではないか、というのが再建作業を通じて得た私の感想です。
　1週間ごとに予実フォローを行うので、月間計画の達成精度が抜群に高くなる。年間計画はその月間計画の集まりですから、当然年間計画の精度も上がり、下方修正につながる要素がなくなる。これではないかと思います。
　また、この「1週間ごと管理」は、日本電産グループの

「スピードと徹底（すぐやる、必ずやる、出来るまでやる）」の企業文化を表していると思います。特に「徹底」の文化があればこそ、この管理スタイルは生きてきます。

　月間の途中で週次予算との乖離が出ても、月末までには必ず挽回するという徹底力が組織になければ成果は出ません。週次管理を行っても、月末の結果はいつも未達ということになってしまうからです。そうなると、やがてこの管理スタイルも「儀式化」していってしまうでしょう。

**永守重信
社長からの
ファクス**

築城3年、落城3日。
品質不良が
会社を食い潰す

32枚目

「社長殺すにゃ、刃物は要らぬ、不良の1つも出せばいい」

こういう言葉を聞いたことがあります。これは「噺家殺すにゃ、刃物は要らぬ、あくびの1つもすればいい」をもじったものでしょう。

私も日本電産に入り、経営者の端くれの仕事をやってみて、品質不良ほど恐いものはないとつくづく実感しました。

営々として築き上げてきた顧客との信頼関係を失うだけでなく、大きな不良を出すと、会社が潰れかねないほどのダメージを受けます。たった1件の不良事故のために、経営者が引責辞任した例は、大企業、中小企業を問わず、枚挙に暇がありません。

日本電産芝浦も、買収した当初は前企業の体質を引きずっており、品質面が弱く、年に何回か不良品を出していました。納品先はダイキンやパナソニック等エアコンの大手メーカーです。

そこの工場にモーターを納品してエアコンに装着、最終チェックとなるわけですが、仮にそこでモーターの性能不良が見つかったら一大事です。もちろんモーターを交換しなければなりませんが、ロットすべてが納入不可となるロットアウトとなりますから、交換すべき台数は何百台にも及びます。

これが工場内に不良品が留まっているならまだいいので

すが、万一市場に出てしまったら大変なことになります。品質のトレーサビリティーを確立していない場合は、市場回収コストだけでも何億円にもなり、会社はあっという間に吹っ飛んでしまいます。

　ですから不良品が出ると、大至急、交換用のモーターをつくり、先方の工場へ運ぶのです。トラックを仕立て、早朝４時には交換部隊を芝浦の小浜工場から出発させます。

　それとは別に、私自身は別ルートで真っ先に先方へ駆けつけます。このとき必ず、自社の工場長と開発担当役員を同行させるようにしました。

　相手の事業所長は当然、烈火のごとく怒っています。灰皿でも投げつけかねない勢い。ですから、われわれがまず最初にやらなければならないのは誠心誠意、謝ることです。

　部屋に入ると、いきなり私は「申し訳ありませんッ」と土下座しました。一緒についてきた工場長と開発担当役員も、私の予想外の土下座姿を見て、慌てて同じように土下座します。

　相手企業は工場を１日、場合によっては何日も止めなければならないのでカンカンです。それに伴う何億円ものコストを負担しろと迫られたら、再建中の赤字企業はひとたまりもありません。何カ月もかけてきたコストダウンなど吹っ飛んでしまいます。

　とにかく私としては、このような不良を発生させた責任

は自分の経営の脇の甘さ、マネジメントの徹底のなさにあるという気持ちでいっぱいでした。自分に対する情けなさの気持ちから、思わず土下座するという、私自身も考えていなかった所作に出てしまった次第です。
「築城3年、落城3日」
　これは品質の重要性を訴えて、永守社長から届くファクスに、たびたび書かれていた言葉です。
「顧客の信頼は築き上げるのに3年はかかるが、1回の不良でそれは3日であっという間に失うものだ」
　まさにそのとおりです。
「部下の過失は経営者の過失、組織の過失は経営者のマネジメントの過失」が永守社長の口ぐせでしたから、私の経営のミスから、いままさに顧客の信頼を失おうとしている。私としては、「もう2度と顧客の信頼を裏切ってはならない」と、土下座の中から自分自身に言い聞かせたのでした。

　この一件があってから、工場長も開発担当役員も、品質に対する取り組みが変わってきました。
「川勝さん、もう2度と土下座はごめんです。こんな恥ずかしい気持ちは初めてです。2度と不良品は出さないようにします」
　こう誓ってくれました。
　私は、品質問題はテクニック論ではなく、意識の問題だ

と思っていましたから、私が2人を同行させた狙いは、実はここにあったのです。

　多くの場合、工場長や開発担当役員は、不良品が発生しても防波堤の内側にいて、営業現場の荒波はかぶらなくても済んでいます。全部が全部そうではありませんが、営業からの報告書に目を通して、適当な品質対策を提起するだけで済ましている場合が多いのです。

　自分自身で痛みを感じないため、たびたび同じような不良を起こしても、本当の不良品対策、品質重視に到達しないのは、ここに原因があると私は考えています。

第7章

リーダーで会社は
9割が決まる

永守重信
社長からの
ファクス

君は経営者か、経営管理者か

33枚目

「君たちは経営者ではなく、経営管理者だ」
「経営者と経営管理者は違うぞ」

永守社長はグループ会社の社長たちを前にして、よくこう指摘していました。

では、経営者と経営管理者は、どう違うのか？

私流に表現すれば、経営者はリスクを恐れずに即断即決で意思決定し、場合によっては企業全体の方向を大きく変えることも厭わない人。これに対して、経営管理者は、事業がリスクに陥らないように用心し、コースどおりの事業運営を心がける人でしょうか。

前者が荒野をも走る人に対して、後者はレールの上を走る人と表現してもいいと思います。

そう考えると、日本では過去何十年間か、世の中の「経営者」の多くが、経営管理者になっていたのではないでしょうか。特筆すべき何人かのトップを除いて。

永守社長がこの言葉をわれわれグループ会社の社長たちに向かってよく口にしたのは、次のように見抜いていたからでしょう。

経営者として1つの会社を引っ張る、特に赤字企業の再建に取り組むということは、まったく新しいものを生み出すようなものです。大企業の各部門のトップにありがちな、決められた役割の中で歯車の1つとして動いていれば済むというのとは、まったく違います。

一方、中小企業では、小なりといえども社長となれば全社を背負う存在です。たった1人で、どんな試練にも強い覚悟をもって臨み、絶対に逃げないという姿勢が求められる。

　つまり、経営者と経営管理者の違いは、リスクに直面したときに、どう向き合うか。そこが分岐点となるのだ、と。

　いま振り返ると、永守社長は「経営者」と「経営管理者」の違いを説いて、真のリーダーはどうあるべきかを、われわれグループ会社の各社長に伝えていたのだと思います。

**永守重信
社長からの
ファクス**

君に求心力が
働いているか

34枚目

「**従**業員は、どうなっている？」
「社員は一丸となっているか？」
「心がバラバラになってはいないか？」

　京都の本社から永守社長が視察に訪れた際に、必ず私に投げかけた質問です。

　この言葉の意味するところは、「"代官役"として経営にあたっている君に、皆の心がちゃんと向いているか」ということ。

　君は本社から派遣されている"代官役"ではあるが、水戸黄門と助さん、格さんのような関係であってはいけない。背後に黄門様がいるから、印籠に対して皆が「はは〜ッ」とひれ伏す。そういう関係では駄目だ。それでは表面的に、一時的にひれ伏しているにすぎない。

「人心がちゃんと君のほうを向いていて、君も、人心を掌握しているか」と尋ねているのです。

　この「求心力」というものを、永守社長は非常に重視しておられました。

　ご自身は月に１度しか現場を直接見聞できませんが、経営を任せている常駐代官に対して、職場の求心力が働いているかどうか。そこを常に再建進捗のポイントの１つとしておられたのです。

　再建というのは、ある意味企業改革です。単にいままで赤字だった数字を黒字の数字に変えることではありません。

「人の心を変えて、企業を変える」というところに手をつけないと再建は成就しません。

前にも述べましたが、会社を荷車にたとえると、赤字の会社は荷車が坂を転げ落ちつつある状態で、マイナスのモーメントが掛かっているわけです。これをプラスのモーメントが働いて、荷車が坂を登り出すようにする。

これが再建というものですから、荷車の押し手が全員で、心を合わせて坂を踏ん張って押していかないと、荷車は登り出しません。

しかも、登り切った坂のてっぺんは、競合他社よりも高いところを目指す。2、3番手を目指すのではなく、1番を目指す。月間訪問件数も常時100件が当たり前の強い営業、工場も生産性が5倍の、競合が追いつけない工場にする。購買コストもどこよりも安い状態にする。

再建と言いながら、日本電産が行う再建は、トップ企業の座をも手中にするということですから、よほど人の心が1つにまとまっていないと、荷車は相変わらず坂を転がり続け、いつになっても再建は成就しないことになります。

だからこそ、永守社長にとっては、日本電産が派遣した代官（再建指揮官）に対して社員の求心力が働いているのか、代官は人心を掌握しているのかが、最も重要なファクターになっているわけです。

では再建にあたって、社員の心を変え、そして社員の心をつかむためには、どうしたらいいのか？　別の言い方をすれば、社員に向かって、水戸黄門のご印籠を掲げるような支配型、パワハラ型の人間にならないためにはどうしたらいいのか？

　それを突き詰めていくと、部下の心を変えさせる前に、リーダー自身が、社員に対する向き合い方をどうするか、ということのほうが重要だという問題に突き当たります。

　再建の現場は、一種の切った張ったの修羅場です。成果を急ぐあまり、ついつい強圧的になりがちな自分自身を諌めるために、私は次の2つの言葉を心の中に持つように心がけて、自分の言葉・行動が暴走しないように気をつけました。

　1つは、GEの名経営者といわれるジャック・ウェルチの「初めてリーダーになった人へのアドバイス」と題する言葉です。

「リーダーになる前、成功とは、自分自身を成長させることだった。あなたが達成したこと。あなたの業績。それがすべてだった。

　リーダーになると、成功とは『他人を成長させること』になる。

　あなたの下で働く人たちをそれまで以上に賢く、大きく、大胆にさせることだ。

個人としてあなたのすべきことは、チームを育てサポートし、彼らの自信をつけさせること。

それ以外は何もない。

リーダーの成功はあなたが毎日何をするかではなく、あなたのチームが輝かしい業績を上げるかどうかで決まってくる」

そしてもう1つは、1980年代初めに出版され、世界的ベストセラーになった『1分間マネジャー』(K・ブランチャード、S・ジョンソン著、ダイヤモンド社)という本のとびらに書いてあった次の言葉です。

「管理している部下の顔を一人一人、一日のほんのわずかな時間でいいからチェックしよう。

そして、部下こそもっとも大切な財産であることを、肝に銘じよう」

社員は、リーダーが管理すべき対象であるとともに、会社から託された財産でもあるわけです。私の場合は、オーナーである永守社長から託された財産です。言い換えれば、私の立場は、「ファンド・マネジャー」ということです。この財産をいかに増やすかが、ファンド・マネジャーたる私の役目ということになります。

社員を、この言葉にあるように財産と考えたとき、彼らに対して、水戸黄門のご印籠を掲げてはならないという気持ちが、自戒の念として出てくるわけです。

**永守重信
社長からの
ファクス**

経営者とその社員の
士気の高さこそが、
企業にとって
最大の財産。
不安なときこそ、それを
思い出したほうがいい

35枚目

これも再建途中に永守社長から届いた言葉ですが、この永守社長の語録に近い言葉として、私には「in the same boat」という言葉があります。南アフリカでの体験から得たものです。

永守社長からの数々の言葉と並んで、リーダーのあり方として、私のビジネスマン人生の支柱となってきた言葉であり、読者の皆さんにも共有していただければと思い、ここで触れたいと思います。

「in the same boat ＝同じボートに乗る」

リーダー、特に現場リーダーにとって求心力を生み出すポイントは、これだと思います。「君に求心力が働いているか」という問いへの答えにも通じます。日本電産芝浦の再建に際しても、私は常にこの言葉を肝に銘じていました。

南アフリカでの体験とは、日産自動車時代のことです。

私は日本電産にスカウトされた当時、日産での最後の勤務地として南アフリカの工場および販売会社の責任者として赴任していました。ある意味で、遠方に追いやられたとも言えるかもしれません。経営企画部門で企業風土改革に取り組んでいた"目障りな"男だったからでしょう。

南アの工場には3500名もの工員さんがいて、ワーカーは全員黒人です。ラインのマネージャーだけが白人。販売も熾烈をきわめており、経営を再建しなければならない状態

でした。

　その南アに赴任した当初、現地の製造・販売会社の社長が私に質問してきました。

「あなたは俺たちに指図するために、ここに来たのか？ それとも俺たちと一緒にやるために来たのか？」

　このとき、その社長は「in the same boat」という言葉を使ったのです。

　目的地に向かって俺たちと同じボートに一緒に乗るのか、それとも向こう岸に立って指図するだけなのか、と問うたのです。

「これまで赴任してきた日本人は皆、向こう岸にいて俺たちのボートを見ては、『そっちじゃない』『いや、あっちだ』と、ただ指令するだけだった」と言います。「苦楽をともにしようとしなかった。そんなやり方は間違っている」と言うのです。

　私は「なるほど」と思い、彼らと苦楽をともにする道を選びました。同じボートに乗って、さまざまな問題で試行錯誤を重ねつつ、解決に向かって一緒にボートを漕ぎ続けたのです。

　その結果、起きたのは、私の耳に入ってくる情報の質量の大変化でした。

　当初とはまったく異なり、深くて有益な情報が豊富に入るようになりました。こちらが知りたい真の情報を伝えて

くれるようになったのです。「この人物になら本当のことを言おう」と思ってくれたからでしょう。従来の彼らの態度からは180度の転換でした。

　現地の実情に関する知識もなく、まったく手探りの状態で赴任してきた遠隔地で、私が自分なりに経営責任を果たせたのは、まさにそのおかげでした。

「in the same boat」。この精神こそが大事だと痛感したものです。

永守重信
社長からの
ファクス

リーダーの要諦は、人がどうなびくかだ

36枚目

ここで4つほど、永守社長のエピソードをご紹介します。

　日本電産に入社後、経営企画部長を拝命し、比較的大きなある買収案件を担当していた頃の話です。

　交渉の経過を報告するためにたびたび社長室を訪ねましたが、廊下の片隅に1台のランニング・マシーンが置いてあるのが気になっていました。そこであるとき、社長室を退出した際にそのランニング・マシーンに近づいてみると、1枚の紙片がぶら下がっていました。

　その紙片には、永守社長の字で、「私物」という一言が書かれていたのでした。

　次の話は、私が再建のために日本電産芝浦に常駐し始めて、1カ月ほど経ったときのこと。

　永守社長は月1回、再建先の会社に京都の日本電産本社から前泊で来られることは、前に書きましたが、その際に、現場のリーダー（フォアマン・クラスの人たち）を20～30名ずつ集めるように指示されました。夕方懇親のための宴会を行うためです。

　はじめはリーダーの面々は、初めて間近に見るカリスマ経営者に、恐る恐る対応する感じでしたが、やがて宴の半ばには和気藹々の雰囲気に包まれました。現場のリーダーは、100名は下りませんから、これが数カ月続きました。

宴会が終わった帰りに、永守社長は「いくらだ？」と聞かれます。私は、「いや、これは会社の経費でやります」と言うと、「いや、それはダメだ」と言われて、ご自分で札入れを出され、現金数十万円をポンと置いて帰られました。
「こんな経営者は初めてだ！」と全員が驚いたのは言うまでもありません。もちろん、翌日にはこの話は会社中を駆け巡っていました。

　もう1つの話は、当時の日本電産芝浦は一部上場企業でしたが、再建が始まってしばらくしてのことです。
　総務の担当者が私のところに来て、株主名簿を見せました。すると、「永守重信」という名前があるのです。個人筆頭株主です。永守社長が借金をして、芝浦の株を買われていたのです。後で本社の秘書に聞きましたら、退路を自ら断つためだと言います。
「この人は逃げない。本気だ！」
　再建に向けて、社員のエネルギーがどっと湧き出したことは言うまでもありません。経営者の本物の姿が、水面下に沈んだ重症の赤字会社を水面上に押し上げるのに、どれだけ大きな効果を発揮するか、私はそれを目の当たりにすることができました。

　最後の話です。永守社長の視察の翌日は部課長を集めた

経営会議です。この1カ月の再建の進捗状況が各部署から報告されます。冒頭、永守社長が購買課長のほうを向いて、
「中村君、君のこの間の提案は良かったから、今日はその続きを報告してくれ」
と一言。その発言には、その場にいる部課長のほうがビックリしたものです。何十社もグループ会社がある中で、月1回しか来られない人が、たった1人の課長の名前を覚えていて、名前で呼んでいる。

それだけでもインパクトの大きい話ですが、当の本人は、これによってどれだけ発奮させられるか、ということです。あの有名なカリスマ経営者が、自分の名前を覚えてくれている！　その日の中村家の夕方の食卓は、お父さんの自慢話で沸き返ったことは想像に難くありません。

この件だけでなく、私は何回か永守社長が部課長を名前で呼ばれるのを目にしています。人の名前を覚えるというのは、永守社長の天賦の能力の賜物でしょう。

ですが、それにしても、こういう小さなことにまで神経を行きわたらせるという経営者ビヘイビアーが、集団をなびかせ、マイナス・モードの会社を活性化させるのに、非常に大きな効果があるわけです。

永守重信
社長からの
ファクス

「マンネリ・油断・驕り・妥協・怠慢・諦め」が会社をおかしくする

37枚目

見、誰もが当たり前だと思うような言葉ばかりです。

　実際、経営コンサルタントとして私が接する社長さんたち（特に中小企業の社長さん）に、この一つひとつについて「あなたは、どうですか？」と尋ねても、たいがい次のような答えが返ってきます。

「いやあ、うちは大丈夫ですよ。私はちゃんとやってると思いますよ。マンネリにはなってないし、なにしろ毎日、毎日が必死ですから。油断したり、驕りを持っているヒマなどとてもありません。妥協も怠慢もなし。諦めてなんかいられませんからね」

　ところが、私の目から見れば、必ずしもそうではありません。

　ここがかなり甘いのではないか、最近あの点が疎かになってきているのでは、もうひと知恵絞ればと感じる部分などがいくつか出てきます。

　永守社長が「反・リーダーの条件」として挙げたのが、この6項目です。当たり前のように聞こえる言葉でも、永守社長の場合は、上記の中小企業の社長さんたちとは、思いの深さがまったく違うだろうということです。

　何年も間近にいて、その経営ぶりに接し、薫陶を受けてきた私には、そのことがよく分かります。

　たとえば次のような話です。経営者の危機に対処する真摯な姿勢は、見る者を凛とさせます。新聞のインタビュー

録での永守社長の言葉をそのまま拝借します。

「(前略)──世界を襲った2008年秋のリーマン・ショック。積み重ねた経営ノウハウだけでは乗り切れないと感じた。

　会社がつぶれるかもしれないと思いました。行き先を言わず、1カ月ぐらい図書館通いをしました。乗り切るヒントは自分で探すほかありません。

　世界恐慌で1930年代に多くの会社がつぶれたのに、業績が急回復したところもあったのです。当時の海外の新聞、雑誌、関連する書籍を片っ端から当たりました。様々な資料の中にポロポロと出てくる米ゼネラル・エレクトリックなどの対応策がとても参考になりました。

　そして、売り上げが半分になっても赤字にならない手法を編み出し、『賃下げをする。しかし解雇はしない』と真っ先に発表、グループで危機感を共有し、士気を高めました。おかげで業績は急回復しました」(日本経済新聞、2011年10月30日「リーダーの本棚」より)

　この記事を見たとき、私は既に日本電産を退社していましたが、「さすが永守さんらしいなぁ」と思いました。
　何か問題にブチ当たったとき、問題を直視し、他の誰かに任せないで、自分自身を追い込んで取り組む方だという

ことを知っていたからです。

　経営者としての真剣度の深さ。同じ「油断」とか「妥協」といった言葉でも、永守社長の場合はそのモノサシの厳密度が、他の人とはだいぶ違うのです。

　大手企業の場合、トップ経営者は、社内に経営企画室といった名称の部署を設け、会社の戦略部門、頭脳部門として活用するのが常です。リーマンショックからの脱出に関しても、多くの企業で経営企画室などに「対策を練って、案をトップに上げてこい」ということが行われたはずです。

　しかし、永守社長はそういう場合、自分自身が問題を直視し、課題を乗り越えようと自分を追い込む経営者。絶対に逃げないトップリーダーなのです。

　そもそも経営企画室という部門が、日本電産には、少なくとも私が在籍していた間は存在していませんでした。きわめてライン型の組織なのです。

　永守社長がいて、担当の副社長や役員はいるものの、社長自らがその人々と協議し、戦略を練り、方針を決めていく。

　分厚い戦略部門が存在して、そこに任せた案が上がってくるのを待っているという形の意思決定ではありませんでした。もっとも、当時、「室」ではなく、経営企画部というものはありましたが。

第7章　リーダーで会社は**9割**が決まる

私は入社早々、永守社長に「君は、経営企画部長をやれ」と言われました。そこで私は人事の人に案内されて、経営企画部なるもののオフィスに赴きました。部屋を見回して「部下は？」と問うと、人事の人は「いません」。私の上にも役員はおらず、私1人です。その3カ月後には経営企画部の役員となって、M&Aを担当することになりました。
　このように、まさに縦一直線のライン型組織でした。
　そういう形で組織を引っ張るトップリーダーが「マンネリ・油断・驕り・妥協・怠慢・諦め」、これらの言葉を口にするとき、それが厳格な基準で語られているのは当然のことでしょう。

**永守重信
社長からの
ファクス**

温情と冷酷の
バランス経営をやれ

38枚目

経営には、もちろん厳しい面があります。勝ち負けを経験し、時には修羅場をくぐることもあるでしょう。

したがって、企業という集団を率いる経営者には、冷酷サイドに立たざるをえなくなる場面もあります。

「泣いて馬謖を斬る」ことも必要です。集団の中の1つの腐ったリンゴを取り除かないでいると、集団全体が腐敗してしまう恐れもあるからです。

しかし、冷酷だけの経営では、もちろん人心はついてきません。根本には温情があることが大切です。働く人々のマインドを上げる、やる気を出させるものがなければなりません。

私が日本電産芝浦の再建に取り組むとき、永守社長から手書きのファクスで届いたのが、「温情と冷酷のバランス経営をやれ」という言葉でした。

この1行以外に説明はありませんから、解釈は私自身が行いました。そして、その解釈はいまも変わっていません。

イソップ物語の「北風と太陽」も教えてくれているように、人々の心を本当に動かすには太陽経営でなければなりません。

理想を言えば、振り向いたら喜んでついてきてくれるフォロワーがたくさんいる、それがリーダーシップの基本だということになるでしょう。

しかし一方、企業というのは、同好会や宗教法人、結社

とは違います。つまり、最初から同じ志を持った人間が集まっているわけではなく、なかには火ダネ社員もいればヒラメ社員、抵抗勢力もいます。

　ヒラメ社員とは、海の底にいるヒラメのように自分では動かず、潮の流れをいつも見ていて、流れが変わればそっちの方向にヒラヒラと動いていく受動的な社員です。私が関わった日産自動車の企業風土改革運動の中から生まれた言葉です。

　また、つき従っているようで、実は面従腹背の人間も少なくないでしょう。宗教法人のように、全人格的な崇拝、共鳴、服従を求めることは無理です。

　経営者というのは、それらをすべて腹のうちに呑み込んで、その集団を引っ張らなければならないのです。同好会などとは異なり、それぞれの構成員が、さまざまな思惑を抱いている集団。それでもその集団を愛し、結果を出させる。それがトップリーダーの役目です。

　そのためには、時には北風を吹かせることも必要です。それが「泣いて馬謖を斬る」です。

　経営をスポーツの世界、たとえばプロ野球に置き換えてみれば、はっきりします。

　成績の上がらない選手を、いつまでも温情だけで起用し続けるわけにはいきません。1軍から2軍へ落とすことが、

結果を追求する集団の当然の行動として行われています。

　また、戦力外通告で退団ということも普通の出来事です。監督が甘々タイプで、選手とじゃれ合っているような宴会幹事型だったり、友だち型だったら、そのチームはけっして強くなることはないでしょう。

　経営というのは、目標を達成しなければなりません。数字が示す事実を受け入れなければならない集団なのです。究極的に言えば、先述したプロ野球チームと変わりないのです。

　温情サイド、太陽サイドに立ちすぎて、駄目な部分を切らずに騙し騙し続けていると、結局は全体が駄目になってしまいます。そのことを冷静に肝に銘じておき、切るときは切るという冷酷さも指揮官は併せ持っていないと、部隊は動きません。

　そして、その冷酷さを、「衣の下の鎧」として、部下たちに感じさせておくことが大切だと思うのです。年中ちらつかせていても効果はありません。衣の下にあって見えないけれど、この人をナメたら大変だという意識を、部下たちに持たせることです。

　温情は必要。しかし温情だけでは駄目。「衣の下の鎧」を感じさせておくことが必要。それが「温情と冷酷のバランス経営」ということだと、私は考えています。

カルロス・ゴーンのＶ字回復はあまりにも有名ですが、ゴーンはなぜ日産自動車のCEOに就任して以来、約2兆円もあった借金を短期間でゼロにできたのか。

　それは、たった一言の言葉の威力でした。「2年間、業績未達の役員はクビ」と宣言したからです。

　その段階では、「衣の下の鎧」を見せたということでしょう。そして、実際、宣言どおりクビ切りを実行したのです。まさに北風が突風となって日産社内に吹き荒れたのでした。

　ゴーンは日産の経営が上層部による同好会的経営、殿上人経営であることを見抜き、その部分に北風を吹き込む必要があると判断したわけです。トップリーダーとして、自分のすぐ下の層に冷酷さを見せつけました。

　しかし、一方で、ゴーンは一般の社員たちには、その種の冷酷な対応はしませんでした。課長レベルの社員に求めたのは、「殻を破れ」ということだったのです。

　具体的には、「クロスファンクショナルチーム」という組織をつくり、この会社が現状を打破し、危機から脱出するには何が必要かと、意見をすべて出させました。

　前にも触れましたが、同チームは、課長と次長だけがメンバー。役員や部長は一切入れませんでした。旧態依然の守りの経営になることを防ぐためです。また、クロスファンクショナルですから、各部署から人員が集まる組織横断的なチームです。

このようにゴーンは、上層部に対しては「2年間、未達ならクビ」と北風を吹き付けましたが、そのような北風は社員に向かっては意味のないこと。彼らには殻を破ることを要求したのでした。
　リーダーは、自分がどの位置にいて、どの層にどんな影響を与えるべきか、的確に判断することが大切なのだと思います。

**永守重信
社長からの
ファクス**

叱る、褒めるの
バランス・マネジメント
が大事だ

39枚目

犬の訓練士が、私に次のように教えてくれたことがあります。

「良い犬を育てたかったら、叱ると褒めるのバランスが大切ですよ。10回のうち9回は叱ってください。褒めるのは1回でいいです。ただ、その1回はベタベタに褒めてやってください」

犬の問題を人間にたとえるのは大変不遜なことですが、ただ叱ることと褒めることのバランスが大切だという点は、共通しているのではないでしょうか。

人間の場合は、おそらく叱る3、褒める7くらいの比率でしょうか。あるいは叱る4、褒める6でしょうか。

育児でも、褒めてばかりでは良い子に育ちません。学校の場合も同じです。生徒に迎合して褒めてばかりいる教師は、人気が出るどころか、むしろ尊敬されないでしょう。

欠点は欠点として指摘し、美点は美点として認めてあげる。ちゃんと見るべきところを見て、生徒のことを真剣に考えている先生でなければ、生徒はついてこないでしょう。

経営者と社員、リーダーと部下との関係もまったく同じだと思います。

社員を褒めるばかりの経営をしていると、社員が問題意識を持たなくなってしまい、結局は会社が没落することにつながります。

仕事における加点主義は良いことですが、経営者が社員に対して甘い一方で、たとえば給料を同業他社より高め高めに推移させてやるような関係になってしまっていると、社員のほうはそれが当然だと考えるようになり、いわばわがままになって問題形成能力を失った弱い社員と化してしまいます。
　一時のブームに乗って急伸してきたような会社では、そういう傾向があります。ところが環境が変わり、業績が悪化して待遇を厳しくしなければならないという状況になると、甘やかされてきた社員は反発します。日頃からバランスの取れた待遇をしていないと、ギクシャクした経営になってしまうのです。

　そこで、永守社長ですが、われわれ経営陣のことはまず褒めません。
　私が日本電産に入社して間もない時期のことですが、グループ会社の経営者の1人に、こう言われたことがあります。
「川勝さん、あなた、永守さんに褒められたら、お終いやで。叱られているうちが華だよ」
　これは私が、「明日から芝浦の再建を担当することになった」と、その人に報告したときのことです。グループ会社の経営者という同じ立場に立ったので、激励を兼ねて忠告

してくれたのでした。
「赤字を出し続けていると、毎日叱られるぞ。でも叱られているうちが華なんだからね。途中で期待できないと判断されると、もう叱られなくなるからね」
　というのです。
　ところが、現場の社員に対しては、そういった厳しい叱り方はあまりしません。
　工場等を視察して、そこのQCDが水準以下なら、叱責の対象は工場長など幹部の人間です。上の者であればあるほど厳しく叱る。永守社長は、そういう形のバランスの取り方をされていたように思います。

**永守重信
社長からの
ファクス**

会社を変えたかったら、自分に1番近いところから変えよ

40枚目

企業再建は畢竟、企業改革に他ならないこと、そしてそれは人の変革であることは、この章の前段で触れました。

　では「人の変革」をどこから行うべきなのでしょうか？
「会社を変えたかったら、自分のリーダーシップの1番近いところから変えよ」

　これが、永守社長から私がもらったアドバイスです。

　変革の順序は、社長はまず役員を変革させる。管理職で部長の立場にあったら、まず課長を変える。課長なら課員の変革を迫るというように、まず自分が1番よく知っていて、影響力を及ぼせるところから変えよということを指しているのです。

　この図式の中で、部長→課長→課員という順序はどの会社でも当たり前になっていることでしょう。しかし、これがこと社長の領域になると非常に怪しくなっているのではないでしょうか。

　たとえば、会社が経営不振や赤字危機に陥ったような場合、社長はまず部課長などの管理職を集めたり、全社員を集めて、危機突破全員大会などを開催し、「危機感を持て！」「やり方を変えろ！」と檄を飛ばす。

　これはこれで大事なことですから、おおいにやるべきでしょう。しかし部課長も社員も間接的には部下ですが、社長の直属の部下ではありません。

もっと大事なこと、つまり、本当に檄を飛ばすべき相手は、社長として最も影響力を行使できる、いわば自分の"専管水域"にいる役員ではないでしょうか。

　会社の経営がおかしくなるということは、会社が未達病や体質悪化病に侵され始めたということですから、1回や2回の部課長集会や全員決起集会などの儀式で克服できるものではないのは、当たり前すぎるぐらい当たり前のことです。

　私が第1章で述べたような「地べた経営力」のところから変えないと治らないこと、これも当たり前すぎるほど当たり前のことです。

　そのためには社長、役員陣が甘かった脇を締め、意識、行動を変えて社員の先頭に立たなければ、社員も変わりません。私は再建にあたって、「再建代官たる経営者は嫌われるのを躊躇するな、嫌われてもやるべきことはやれ」と指導されました。

　それがどういうわけか、多くの企業では、危機に際しても経営者はいい顔をしたいのか、部下たる役員に遠慮しているのか、役員会を同好会的なサークルにしている。これでは社員こそ哀れな存在になってしまいます。

　日本電産グループの会社が、いずれも高いレベルの業績を維持できているのは、社長を含む役員陣が、社内で最も意識改革が進んだ集団であることが最大の要因と言ってい

いでしょう。

　また、いままでも述べてきたように、JALの再建が短期間にできたのも、社長以下50人の経営幹部の意識改革が前提だったからです。

　日産自動車でゴーンマジックが成立したのは、「2年間、業績未達の役員はクビ！」のゴーン宣言によってですが、これらは、いずれも最高上層部の改革が下地になってのことであるわけです。

**永守重信
社長からの
ファクス**

1週間練習しないと
　聴衆に分かり、
3日練習しないと
　同僚に分かり、
1日練習しないと
　自分に分かる

41枚目

これは、ある高名なピアニストの言葉だそうです。永守社長から聞かされました。

　永守社長がアメリカ出張の際に、飛行機でたまたま隣席同士となった人がピアニストだったと言います。その人は、自席で鍵盤を描いた紙を取り出して、一晩中、練習をしていたそうです。

　その様子を眺めていた永守社長が「なぜ？」と問うと、件のピアニストはこう答えたというのです。

　言葉の意味は文字どおりで、1日でも練習を怠ると技量が落ちるということ。誰よりも自分自身には、その微妙な差がはっきり分かってしまう。それぐらいプロの日々の努力は厳しいものだということ。プロであればあるほどそうなのでしょう。

　経営、仕事も同じです。一定の成果をあげたからといって満足して気を緩めてしまうと、初めは気がつきませんが、徐々に下降が始まります。

　脇を甘くせず、きちんと自分を見つめながら、常に努力を怠るなということを、永守社長はこの言葉を通じて、再建活動の前線にいるわれわれに伝えたかったのだと思います。

　私自身は、「自分を映し出す鏡を持て」という言葉に置き換えて、毎日の戒めとしていました。

実は、私自身もレッスンを受けて多少ピアノを嗜んでいます。それだけに、この言葉はとてもよく理解することができたのです。
　きちんと努力しているかどうかは、他でもない自分自身が誰よりも１番よく分かります。
　自分をごまかさないことこそが、本当の努力につながるのだということを、この言葉は教えているのではないでしょうか。

**永守重信
社長からの
ファクス**

花の咲かない
冬の日は、下へ下へと
根を伸ばせ

42枚目

再建は時間が勝負です。まして目標が1年以内の黒字化ならなおさらです。

　私が朝に出した指示がうまく滑り出しているのかを夕方チェックし、修正が必要ならそれを出して、翌日の行動計画を決める。それを営業、生産のスタッフ、各部署にわたってやりますから、戦場のような目まぐるしさと言っても過言ではありません。

　そんな折に来た永守社長からの叱咤激励のファクスの中の片隅にあったのが、この言葉でした。ほっと一息つける言葉です。あとで分かったことですが、永守社長が常々、口にしている言葉だそうです。

　一説によると、シドニー五輪（2000年）の女子マラソンで金メダルを獲得した高橋尚子さんが好きな言葉として挙げたのが、

「何も咲かない寒い日は、下へ下へと根を伸ばせ。やがて大きな花が咲く」

　というもので、これは高校時代の恩師から贈られた言葉だそうです。

「寒い日」が「冬の日」になったり、「何も」が「花の」に変わったりして、いくつかのパターンを持ちつつ、同様の言葉が人口に膾炙（かいしゃ）しているようですが、経営者の中にも永守社長以外に、この言葉を座右の銘としている人がおられるようです。

スポーツ選手やビジネスマンなど、世の荒波をかいくぐりつつ生きている人なら、誰でも共感できそうな言葉と言えるでしょう。
　仕事というものは、いつもうまくいくわけではないですし、努力を重ねていても良い結果がすぐ表れるものでもありません。
　厳しい時期は忍耐して自分の力を蓄えておけ。うまくいかないときは、結果を求める方向にではなく、基礎的な力をつけることに努めておきなさい。そんな意味に解釈することができます。それも困難から逃げずに立ち向かう１つの道です。
　経営者など、１人の人間の気持ちの持ち方を表していると捉えることもできますし、企業というものの在り方を語っていると考えることもできます。

　この40年間で急成長を遂げてきた日本電産も、けっして常に順風満帆だったわけではありません。困難の連続でした。
　無名企業だった創業時はもちろん、大きく成長してからも、リーマンショック時は売上が半減、大きな製造拠点を持っていたタイの洪水では機械類が水没し、何千億円単位の損失を出しています。
　さらに、事業の中核だったパソコンのハードディスク用

モーターにも、モバイル時代の到来によるパソコン衰退という時代の波が押し寄せます。そんななかで、車載用モーターや家電用モーターへの事業転換など、厳しい時期を何度もくぐってきています。

　そのたびにV字回復を遂げていますが、リーダーというのは攻勢の場面だけでなく、劣勢・ピンチのときの心の持ち方こそ大切なのかもしれません。

　日本電産のそもそもの成り立ちは、パソコンのハードディスクを回す精密モーターの製造です。

　パソコンに詳しい人ならご存じのとおり、ハードディスクの中に入っている弁当箱のような非常に薄い筐体(きょうたい)に、円盤が入っています。何層か重なった構造になっていて、この円盤に磁化された情報が埋め込まれており、その情報を読み取るのにモーターが要るのです。昔のレコードをイメージすると分かりやすいかもしれません。

　回転するレコード盤に刻まれた溝（周回路）からレコード針が音を拾うイメージ。回転数は、もちろんハードディスクのほうが圧倒的に速いのですが、パソコンの円盤にも線（トラック）が刻んであって、極小のモーターが1分間に数千回も回ることによって、その線からアームの先端が情報をピックアップします。

　その線と線の間隔がきわめて緻密なピッチなので、モーターの精度がよほどよくないと、隣の線の情報を読み取っ

てしまい、パソコンとしては誤作動してしまって機能しないのです。

　私が日本電産に入社した当時は、そのパソコン用精密モーターの分野で世界の6割のシェアを占めていました。現在は約8割です。

　ところが、そのパソコンの時代が衰退期を迎え始めます。モバイル端末の時代となり、ハードディスクの存在が不要になってきたのです。

　その変化に直面し、日本電産は同じモーターでも他の分野へと比重をシフトして事業領域を広げていることは、先ほど述べたとおりです。

　パソコン用モーターのコア事業から家電、産業用、さらには車載モーターへと、大きく根を張って成長を続けてきています。

　樹齢5000年とも7000年とも言われる屋久島の縄文杉は、樹高20メートル少々に対して、根回りは40メートル以上もあると言われています。まさに大樹深根、根深ければ枝繁しです。

　数々の苦難を乗り越えて事業を大きくしてきた永守社長が、この言葉に特別の思いを寄せている理由が、再建の一翼を担い、小さな場所で戦っている私にも分かる気がしたのです。

川勝宣昭（かわかつ・のりあき）

経営コンサルタント。
1942年、三重県生まれ。
1967年、早稲田大学卒業後、日産自動車に入社。生産、広報、全社経営企画、さらには技術開発企画から海外営業、現地法人経営者という幅広いキャリアを積む。
1998年、急成長企業の日本電産にスカウト移籍。同社取締役（M&A担当）を経て、カリスマ経営者・永守重信氏の直接指導のもと、日本電産シバウラ、日本電産ネミコンの再建に携わる。永守流「すぐやる、必ずやる、出来るまでやる」のスピード・執念経営の実践導入で破綻寸前企業の1年以内の急速浮上（売上倍増）と黒字化をすべて達成。
2007年、経営コンサルタントとして独立。現在、DANTOTZ consulting（ダントツ コンサルティング）代表として中小企業から一部上場企業までのクライアント企業に対し、速攻型営業力強化およびコストダウン両面で強い企業づくりを指導中。
著書に『日本電産流V字回復経営の教科書』（東洋経済新報社）がある。
URL:http://dantotz.com/

日本電産 永守重信
社長からのファクス42枚

2016年12月5日　第1刷発行
2017年2月19日　第5刷発行

著　者	川勝宣昭
発行者	長坂嘉昭
発行所	株式会社プレジデント社

〒102-8641 東京都千代田区平河町2-16-1
平河町森タワー 13F
http://president.jp　　http://str.president.co.jp/str/
電話　編集(03) 3237-3732
　　　販売(03) 3237-3731

販　売	桂木栄一　高橋　徹　川井田美景　森田　巌 遠藤真知子　末吉秀樹　塩島廣貴
編集協力	有限会社アトミック（鮫島　敦・沖津彩乃）
編　集	桂木栄一
装丁・本文デザイン	秦　浩司（hatagram）
制　作	関　結香
印刷・製本	凸版印刷株式会社

©2016 Noriaki Kawakatsu
ISBN978-4-8334-2206-2
Printed in Japan

落丁・乱丁本はおとりかえいたします。

プレジデント社のロングセラー

超訳・速習・図解
プロフェッショナル マネジャー・ノート

ユニクロ「幻のバイブル」がわかりやすく読め、
朝礼や社員教育に使えるビジネス名言が満載

「これが
僕の人生で
ナンバー1の
経営書だ!」
ファーストリテイリング会長兼社長
柳井正

柳井正 [解説]
プレジデント書籍編集部 [編]
定価1200円(税別)